Usted · se Enoja porque Quiere

TIM LAHAYE
CON BOB PHILLIPS

T0053530

EDITORIAL

Vida

DEDICADOS A LA EXCELENCIA

©1984 EDITORIAL VIDA
Miami, Florida 33166

Publicado en inglés con el título:
Anger is a Choice
por *Zondervan Publishing House*
© 1982 por *Zondervan Publishing House*

Diseño de cubierta: *O' Design*

ISBN 0-8297-1402-2

Categoría: *Psicología / Consejería*

Impreso en Estados Unidos de América
Printed in the United States of America

04 05 ❖ 17 16 15

Indice

Introducción

¿Es usted una persona violenta? En ese caso, ¡bienvenido al club! Nosotros también lo somos. Ambos hemos tenido que luchar con el problema de la ira en el pasado. "¿Quieren decirme que ya no tienen que luchar con ella?", nos preguntará usted.

Nos gustaría poder contestarle que ya no tenemos que enfrentarnos al problema de la ira. Nos gustaría poder decirle que hemos encontrado la "clave secreta" que elimina la hostilidad, y que si usted aplica ciertas técnicas, no tendrá que vérselas de nuevo con la ira. No obstante, si lo hiciéramos estaríamos mintiendo... o al menos, lo estaríamos confundiendo.

No, nosotros somos seres humanos igual que usted. Esto no es una excusa; es un hecho. El hecho de que seamos humanos es lo que nos hace tan difícil manejar la emoción de la ira. Observe que hemos dicho *manejar* la ira; no *eliminarla*.

Creemos que todos nuestros sentimientos y emociones nos han sido dados por Dios. Nos resulta fácil aceptarlo al hablar de emociones como el gozo, la paz, la ternura y la firmeza. En cambio, es más difícil creer que El nos haya dado emociones como el temor o la ira. Pero es así.

Quizá usted no lo advierta, pero el temor, la ira y la depresión se cuentan entre nuestros mejores amigos. "¡Ustedes están locos!", nos van a decir. "Han pasado demasiado tiempo en el consultorio, aconsejando a otros." Es cierto que hemos trabajado mucho en el consultorio, pero no creemos que nos hayamos vuelto locos.

Trataremos de explicarlo de la siguiente manera.

Imagínese que va a visitar a un amigo en su nueva casa. Le está mostrando las habitaciones y llegan a la cocina. Observa la hermosa y flamante cocina, y nota que le faltan las hornillas. Lo único que se les podría parecer son dos rectángulos de porcelana blanca que hay sobre la mesa, y que en realidad son una de esas cocinas modernas que tienen los quemadores debajo del vidrio.

Nunca hemos visto una cocina de esa clase. No nos damos cuenta de que los quemadores han estado funcionando, porque la superficie parece limpia y blanca. Se acerca, pone la palma de la mano sobre la superficie del vidrio y pregunta: "¿Qué es esto?" ¿Qué es lo primero que siente?

"¡Que soy un ignorante!", dirá usted. Es probable que sí, pero lo primero que sentirá es dolor, porque se va a quemar la mano.

Ahora le preguntamos: "Ese dolor que siente en el primer momento, ¿es un amigo o un enemigo?" En el primer momento es un amigo, porque le advierte que debe quitar la mano de la hornilla, que está caliente. Sin embargo, si usted deja la mano sobre ella, el dolor se transformará en un enemigo de primer, segundo y tercer grado.

Las emociones son similares a los dolores físicos que a veces experimentamos. Unas sensaciones tan dolorosas como el temor, la ira y la depresión son en realidad nuestros amigos... al principio. En cambio, se pueden convertir en nuestros enemigos emocionales de primero, segundo y tercer grado si no les prestamos atención.

Cuando sentimos un dolor físico, tenemos que tomar una decisión. Podemos dejar que se nos queme la mano, o retirarla, porque corre peligro. Esto es igualmente cierto respecto de las emociones. Tenemos que decidir. Podemos ignorarlas y someternos a un gran sufrimiento emocional, o hacerles caso y disfrutar de salud y curación.

El tema de este libro es la atención que le debemos prestar al sentimiento de la ira. No enseña a no hacerle caso, ni explica cómo eliminarla. Tenemos la esperanza de que lo ayude en todas estas cosas, y oramos porque así sea:

1. Comprender lo que es la ira.
2. Comprender la procedencia de la ira.
3. Reconocer las distintas manifestaciones tras las cuales se oculta la ira.
4. Aprender a saber qué decidir ante sus propias manifestaciones de ira.
5. Adquirir sabiduría acerca de la forma de ayudar a otros a resolver su propio problema con la ira.

Reconocemos que el estudio de una emoción tan compleja como la ira, no es una tarea fácil. Nos hemos propuesto la difícil empresa de unir la sencillez con el profesionalismo. Si nos hemos inclinado más hacia uno de esos dos extremos, ha sido hacia la sencillez. Nuestro propósito es ayudar al mayor número posible de personas en relación con esta emoción tan importante.

Hemos concebido este libro con varios objetivos:
1. Ayudarlo personalmente a tomar decisiones respecto a su propia ira.
2. Convertirlo en guía de estudio para clases de Biblia, estudios en el hogar y en grupos, o en diversos grupos pequeños.
3. Hacer que sirva como libro de consulta para pastores, consejeros y maestros.

Rogamos al Señor para que permita que este libro nos ayude, tanto a usted como a nosotros mismos, a manejar la ira y comprender lo que es, a fin de que podamos tomar decisiones positivas con respecto a ella, que se hallen dentro de la voluntad divina.

Tim La Haye
Bob Phillips

1

La ira, un problema universal

Joan no se pudo contener más: —¡Te odio! ¿Me oíste? ¡Te odio!

—¿Por qué no te callas, mujer? ¡Me enfermas! —fue la rápida réplica de su esposo Stan.

Stan y Joan habían llegado a mi consultorio en busca de orientación matrimonial. Como muchas otras parejas, estaban expresando la ira y la hostilidad que anidaban en lo profundo de su ser.

La ira y la hostilidad no están limitadas a los matrimonios. He orientado a jóvenes que deseaban que sus padres estuvieran muertos; a trabajadores que no aguantaban a sus patronos; a personas disgustadas con ellas mismas y con Dios.

Henry Brandt, prominente psicólogo cristiano, calcula que la ira es la raíz del 80 al 90 por ciento de todos los casos de personas que buscan orientación pastoral y psicológica. Coincido con él.

—No puedo seguir confiando en ellos —dijo Mike apretando los dientes. Había sido hondamente herido por un amigo que no había sido capaz de guardar en secreto una confidencia. Su ira estaba anulando toda posibilidad de que la amistad entre ellos continuase.

La ira es una plaga internacional. No se limita a determinada nación o raza. Basta con encender la radio o el televisor para escuchar o ver los noticieros. Guerras en el Medio Oriente; terrorismo y bombas en Europa; invasiones de tropas en Africa... Las guerras son iniciadas por personas airadas, y cuando la gente se cansa de las injusticia, es su ira la que las termina.

Cuando usted piensa en la ira, ¿qué cosas le suelen venir a la mente? ¿Asesinatos, violaciones, asaltos a mano armada, o perdonavidas que tratan a los demás a empujones? ¿Ve ira también en las personas que tiran las puertas o gritan a voz en cuello?

Recuerdo un artículo que salió en la revista Selecciones del Reader's Digest hace varios años. En él se comentaban "la trágica muerte de cuatro empleados y

EL TICTAC DEL RELOJ INDICA QUE

Ocurre un asesinato cada 23 minutos

Ocurre un hurto cada 4 segundos

Ocurre una violación cada 6 minutos

Ocurre un robo cada 8 segundos

Ocurre un crimen grave c/2 segundos

Se roba un vehículo cada 28 segundos

Ocurre un asalto cada 55 segundos

Ocurre un ataque violento cada 48 segundos

el estado crítico de otro". El asesino era una de esas "buenas personas" de quienes es agradable ser vecino. Aparentemente, había enloquecido de pronto a los cuarenta y tres años de edad y había disparado contra sus compañeros de trabajo.

Las investigaciones pusieron de manifiesto que su extraño comportamiento no fue una reacción del momento. Año y medio atrás había sido pasado por alto al ser considerado un ascenso, que favoreció a otra persona. Su esposa confirmó que "desde ese día se fue convirtiendo gradualmente en una persona diferente". No es difícil imaginar la reacción en cadena que se operó en su mente. Al fomentar su enojo y dar rienda suelta a su amargura pensando en la injusticia cometida, se llegó a trastornar emocionalmente a tal punto, que llevó una pistola calibre ,38 al trabajo y disparó contra cinco de sus compañeros. Todas aquellas víctimas estaban identificadas entre sí por algo que tenían en común: estaban todas en una posición en la cual podrían haber influido en su ascenso dentro de la empresa.

Hoy este hombre está tras las rejas, separado de la familia que ama. Por su hostilidad, cuatro personas hallaron la muerte prematuramente y es posible que otra quede lisiada para toda la vida.

Desde la niñez, a usted y a mí nos han enseñado que la ira es algo malo. No hay que enojarse. No debemos estallar, porque heriremos a los demás con nuestra hostilidad. Esto es cierto: no debemos herir a nadie con nuestra ira. Sin embargo, ¿qué sucede entonces con todos los sentimientos de ira que tenemos dentro? ¿Qué ocurre con ellos? ¿Dónde van a parar?

La ira subterránea
Los sentimientos de ira pueden ocultarse bajo la

superficie. A menudo no adoptan formas activas que se manifiesten en golpes, pellizcos, portazos, o en tirarles objetos a los demás. Toman formas más sutiles, como el silencio, la irritación, el resentimiento, la amargura y el odio.

Un amigo me cuenta que un día, cuando era niño, le dijo a su hermano: —¡Te odio! — De inmediato su madre intervino en la disputa y le dijo:— Martín, puedes decir que no te gusta tu hermano, pero no digas que lo odias—. Sin embargo, Martín recuerda que lo seguía odiando.

En mi labor como orientador me encuentro con muchas personas que han mantenido la ira en forma subterránea. Tan profundamente subterránea, que ya ni siquiera la consideran ira. ¿Sabía usted que pasarse de la velocidad máxima al conducir puede ser una manifestación de ira? Es ira contra la autoridad. Piense en la ineficacia en el trabajo, la tendencia a ocasionar accidentes, las manifestaciones crónicas de olvido, la frigidez, la impotencia... Todas ellas pueden ser consecuencia de la ira.

La ira se puede manifestar en formas socialmente aceptadas. Por ejemplo, el ejecutivo que juega a los dardos, o el que da puñetazos en un saco de arena, o el ama de casa que restriega y limpia obsesivamente su casa. —¡Cuando estoy furiosa hago mucho mejor el trabajo! — exclama.

La práctica de los deportes es otra forma socialmente aceptada de liberar la agresividad. ¿Ha jugado al fútbol norteamericano alguna vez? ¿Le ha ocurrido que el jugador que está frente a usted le mete el codo en la boca? ¿Experimenta en esos momentos una sensación de amor, gozo, paz y paciencia? Durante la próxima jugada, ¿lo va a empujar delicadamente?

No dejemos de lado los deportes para expectadores, tales como el boxeo, el yudo y el karate. A veces se experimenta una especie de sentimiento vicario de placer; es decir, dejamos que otro haga las cosas en nuestro lugar.

¿Es siempre mala la ira?

Es posible que usted pregunte: — ¿Me quiere decir que no hay ira buena? ¿No hay acaso ocasión alguna en que puede ser buena la ira?

Lo cierto es que, en sí misma, la ira no es ni mala ni buena. Sólo es ira; una emoción. El problema no está en experimentar el sentimiento de ira... al principio. El problema con la ira es la dirección en la que nos impulsa, o mejor dicho, la dirección en que le permitimos caminar.

Cuando se le permite a la ira que tome una dirección equivocada, los resultados son malos o perjudiciales. Cuando orientamos la ira en una dirección correcta, la llamamos buena o sana. Tenemos un ejemplo de ira buena o saludable en el caso de nuestra reacción al ver que alguien está hiriendo a un miembro de nuestra familia. La ira nos impulsa a entrar en acción para rescatar a la persona afectada. Es saludable sentir ira ante la injusticia. La ira nos puede hacer caminar después de un accidente, a pesar de que los médicos nos hayan dicho que nunca más lo haríamos. En este caso, queremos probar que ellos están equivocados. Archibal Hart afirma: "Si sólo nos airáramos por las mismas cosas que enojaban a Jesús, construiríamos un mundo maravilloso." Como puede ver, lo importante en la ira es la decisión que usted tome. Usted decide hacia dónde la dirigirá.

—Pero no siempre sé cuál es la razón de mi ira —me dirá usted—. A veces me dicen que estoy enojado, pero no me doy cuenta de ello en ese momento.

Antes de poder trabajar con eficacia en un problema, hay que comenzar por definir cuál es ese problema. En el capítulo que sigue analizaremos con toda franqueza los múltiples rostros de la ira. Conocerá a la familia de los enojados y a sus parientes. Cualquier semejanza entre esta familia y la suya propia es puramente intencional.

2

Conozca a la familia de los airados

Washington Irving escribió en cierta ocasión: "Los caracteres amargados nunca se suavizan con el paso de los años, y la lengua mordaz es la única herramienta que mientras más se usa, más se afila." Casi todos los días nos encontramos con alguien que tiene un "carácter amargado" o una "lengua mordaz". En gran parte, esa amargura o mordacidad es motivada por la ira.

Yo me enojo. Usted se enoja. Todos nos enojamos. Sin embargo, hay quienes no tienen tanta conciencia de su ira como debieran. Le dan muchos otros nombres: irritación, frustración, exasperación, fastidio, mal humor, rigidez; pero nunca ira. Yo tenía en la escuela secundaria un amigo que solía dar golpes con el puño mientras gritaba: "¡No estoy loco! ¡No estoy loco! ¡No estoy loco!" Lo cierto es que me costaba creerle.

Reconozco que yo tampoco sé distinguir con claridad mi ira en muchas ocasiones. A veces me meto en el bosque y no puedo ver los árboles. Me suele ayudar mucho apartarme un poco y mirar mi ira con objetividad, pero no siempre es fácil hacerlo.

He descubierto que a veces, cuando observo las reacciones de ira de otras personas, me veo retratado a mí mismo. Generalmente, no me agrada lo que veo. Cuando veo el reflejo de mi ira en el comportamiento de otras personas, me impresiona y me asusta. Esto me lleva a cambiar mis actitudes y mi conducta.

Me gustaría presentarle a la familia de los airados. Por supuesto, doy por seguro que usted no tiene a nadie así en su propia familia, pero es posible que le resulte más beneficioso observar la familia de algún amigo, que la suya propia.[1]

El actor

Cuando niño, este personaje solía contener la respiración, y gritar a voz en cuello hasta ponerse muy rojo. Solía morder a cualquiera que se le cruzara en el camino, pegarle, escupirlo y tirarle del cabello. Aunque ya es adulto, todavía le gusta gritar y a veces hasta llorar. Ahora le gusta dar portazos, golpear mesas o paredes y arrojar objetos diversos. Le complace gesticular con el dedo índice en el aire, y expresar su ira mediante berrinches de adulto temperamental.

El verboso

Nadie puede confundirse con este personaje. Expresa toda su ira verbalmente, a la vista de todos. Nunca deja un asunto negativo enterrado. Lo desentierra y les reparte úlceras a todos los que entran en contacto con él.

El comentarista, el humillador y el bromista

A estos les agrada servir platos fríos. Tienen un modo muy particular de cortar a la gente en pequeños pedacitos. Les encanta hacer "delicados" comentarios como éste: "¡Eh, José! ¡Qué bueno verte! Aumentando de peso, ¿no?" O bien "¿Viste qué vestido tan precioso tenía puesto Laura? Será magnífico cuando vuelva a estar de moda." Hacen un "cumplido" tras otro y se sorprenden cuando la gente se muestra dolida. "No sé porqué te sientes así. ¿No me oíste decir que era un vestido precioso?"

El sincero

Siempre dice la verdad. Según él, sería incapaz de mentir. "¡Ea, qué tremendo grano tienes en la nariz hoy!" Nada más cierto, pero no muy afectuoso que digamos. "Nos divertimos muchísimo en la fiesta de Larry anoche. ¿Ustedes no son amigos íntimos de él? ¿Cómo es que no estaban? Me sorprendió no verlos allí." Gracias... Justamente lo que necesitaba que usted me dijera. El comentario favorito de este tipo de persona es: "Me gusta decir las cosas como son." No hay ira... Sólo franqueza. ¿No le parece?

El chismoso

Esta persona se ha hecho el propósito de no hacer ningún comentario sobre los demás, a menos que sea algo bueno. "¡Y tanto!" A esta persona le llaman "el puñal de la fiesta".

El acusador

Le encanta culpar a otros por su ira. Es culpa de los demás. El no ha hecho nada malo. Todos parecen ensañarse con él.

El sermoneador

Tiene una memoria extraordinaria y una capacidad crítica agudísima. No olvida las fechas, los detalles ni los acontecimientos.

El rellenador

Hace rato que se tragó su ira, y ya no sabe ni lo que es. También tiene el hábito de comer impulsivamente, y sobrealimentarse, al igual que se ha ido sobrecargando de sentimientos reprimidos. Pesa más de lo debido, le gusta cocinar, y sobre todo, le gusta ver que quienes lo rodean se sobrealimenten también. Es posible que quiera "pasarles la receta" acerca de la forma de "tragarse la ira".

El coleccionista

Se dedica a coleccionar desilusiones y resentímientos, hasta un momento en que saca a relucir toda su colección de un golpe. Cuando está en la "fase colectora", insiste en que "no quiere hablar de eso". En cambio, al airear todo lo que ha ido guardando, exclama: "¡Ya he aguantado bastante!"

El negativo

Sus tácticas son las mismas del coleccionista, con una diferencia. Todo el mundo sabe cuándo se halla en su "fase colectora". Suele tener una gran memoria, pero sólo para las cosas desagradables, y critica con certera puntería — al menos para él — todo cuanto ve. Nunca olvida los detalles, las fechas o los acontecimientos, si le sirven para su colección.

El justiciero

Es una persona que cree firmemente en la igualdad de oportunidades para todos. Por ese motivo, reparte por igual la ira que tiene almacenada entre todos cuantos le caigan a mano. Le encantan las discusiones fuertes.

El demoledor

Es como una serpiente enroscada, lista para atacar. El veneno mortal de sus palabras puede matar la alegría en cuestión de segundos.

El volcánico

Es una persona que no suele dar señales de su actividad volcánica interna hasta que es demasiado tarde. Le encanta sepultar a quien sea con la lava de sus palabras, y suele dejar a los demás hundidos y echando humo.

El saboteador

Se trata de un personaje muy difícil de reconocer. Sus ataques de ira son solapados. Podría llamársele de "resistencia pasiva". No muestra su ira en forma abierta. Se desquita olvidándose de todo en forma crónica. Pierde cosas, rompe cosas, derrama cosas, quema cosas, y se siente atacado e incomprendido. Al fin y al cabo, nada es culpa suya, sino accidente, pero tiene un accidente a cada rato.

Es especialista en corregir los errores ajenos y en interrumpir a otros cuando hablan. A veces utiliza el aburrimiento para encubrir su hostilidad. Bosteza, clava la mirada en el vacío y actúa como si estuviera preocupado. A menudo lo deja todo para mañana.

El evasivo

No le gusta pelear. Da largos paseos a pie o en automóvil. Trata de ignorar su ira.

El soñador

Como al anterior, a este personaje no le gusta enfrentarse directamente con su propia ira, ni con la de los demás. Se aísla en su mente, y allí revive sus resentimientos y sus enojos. Mentalmente, se enfrenta a las personas con facilidad, pero nunca lo haría personalmente: es demasiado correcto para proceder así.

El autodestructor

Es muy parecido al evasivo. Tiene tantos deseos de escapar de su ira, que puede llegar a pensar en el suicidio. Es frecuente que sufra de *depresiones*.

El escapista

También es hermano del evasivo. La única diferencia es que se evade a través de las drogas, el alcohol u otro vicio semejante.

El temeroso

Esta persona es muy susceptible ante la opinión de los demás. ¿Qué van a pensar si lo ven enojado? Hasta tiene miedo de su propia ira. Teme que si da rienda suelta a toda su ira, perderá el control de sí hasta el punto de perder también la razón. Teme que Dios no le perdone sus resentimientos. Se preocuparía menos por lo que piensan otros de él, si supiera lo poco que lo hacen.

El comediante

Es una persona sumamente cómica. Tiene millones de anécdotas, salidas ingeniosas y bromas. Algunas veces sus amigos no saben con seguridad si está bromeando o los está humillando. "¿Esa es tu cara, o es que tuviste un accidente?" dice, y luego agrega: "¡Es sólo una broma!" O por ejemplo: "Cuando a mi esposa le da por quedarse sentada en la casa, eso es todo lo que hace: quedarse sentada. ¿Qué pasa, no eres capaz de soportar una broma?" Esta clase de persona puede dejar a los demás totalmente derrotados y estupefactos. Siempre trata de desprenderse de la ira a la que se siente atada, diciendo: "Es que tú eres demasiado sensible. Yo sólo quería animar la conversación. ¿No tienes sentido del humor?"

El rebelde

Este tipo de persona ha sufrido mucho en la vida. Reacciona con ira y se venga haciendo cosas que a otros les disgustan. A él nadie le tiene que decir lo que debe hacer. Lleva puesta una gruesa armadura protectora hecha de ira.

El religioso

Conoce muy bien la Biblia. Ha concurrido a la

escuela dominical (con una asistencia perfecta), a la escuela bíblica y a una serie de reuniones más de este tipo, y tiene fama de asiduidad total en su iglesia.

Ha asistido a muchas conferencias, y puede enumerar los errores de todas las sectas conocidas. Puede citar largos pasajes de las Escrituras. Es muy versado en teología, antropología, soteriología, angelología, eclesiología, neumatología y escatología.

Sin embargo, a pesar de sus grandes conocimientos, no parece llevarse bien con su familia, sus amigos, los miembros de la iglesia o los compañeros de trabajo. ¿Cuál puede ser la razón? Una persona con tantos conocimientos *no debería* ser resentida.

No es un chismoso; simplemente condimenta bien las peticiones cuando ora en voz alta. No evidencia mal carácter, sino que expresa en forma intensa su justa indignación. No manifiesta irascibilidad, sino que más bien se vuelve brusco cuando se siente "cargado con el cuidado de las almas". No rechaza a los demás con hostilidad; simplemente les sugiere que quizá serían más felices en otra iglesia. Lo que uno podría considerar cólera o enojo, no es más que convicción o celo; nunca ira.

En el capítulo primero vimos que, para poder resolver de manera eficaz cualquier problema, primero debemos reconocer su existencia. En estas páginas hemos echado un vistazo algo irónico a la ira que hay en nuestra vida. Tiene muchos rostros y muchos nombres diferentes. En el capítulo 3 hablaremos de un aspecto de la ira del que se habla poco; la ira que se manifiesta con gestos, sin palabras.

[1]Las ideas acerca de la familia de los airados han sido estimuladas por los siguientes libros, de los cuales fueron parcialmente adaptadas: *Cherishable: Love and Marriage*, por David Augsburger (Scottdale, Pennsylvania: Herald

Press, 1971); *Understanding Anger in the Church*, por Daniel G. Bagby (Nashville: Broadman, 1979); *How to Get Angry Without Feeling Guilty*, por Adelaide Bry (Nueva York: Signet, 1976); y *The Angry Book*, por Theodore I. Rubin (Nueva York: Macmillan, 1969).

3

La ira y el lenguaje corporal

Oiga esto:

"Hechos, no palabras."

"Obras son amores, y no buenas razones."

"Del dicho al hecho hay mucho trecho."

"Lo que haces habla tan alto, que no puedo oír lo que dices."

¿No es cierto que algunos de estos dichos le parecen bien conocidos y hasta le son familiares? ¿Cuál habrá de ser la idea que ellos tratan de comunicarnos? Básicamente, el contenido de su mensaje es que nuestras palabras deberán coincidir con nuestras acciones. ¿A qué le da más crédito la gente cuando las acciones de una persona son tales que contradicen sus palabras? La respuesta es: a sus acciones, por supuesto.

Para una mejor comprensión del por qué se le da siempre más crédito a las acciones de una persona que a sus palabras, debemos considerar más de cerca la comunicación en sí misma. Hay tres factores básicos que la componen en su mayor parte: las palabras, el tono de voz y el comportamiento no verbal. Podemos ilustrar mejor lo expresado anteriormente mediante el siguiente diagrama:

La comunicación total

Palabras
(contenido)

7 %

38 %

55 %

Comportamiento no verbal
(expresiones faciales,
movimientos de las manos
y el cuerpo,
posiciones)

Tono de voz
(inflexión,
la forma de decir
las cosas)

Para aplicar el diagrama, comencemos con dos sencillas palabras: "Te amo." Ahora bien, como en realidad no nos hemos sentado juntos usted y yo, necesito pedirle que me ayude en esta aplicación práctica participando físicamente, si es que está solo.

Pronuncie en voz alta las palabras "Te amo". Dígalas de varias maneras diferentes, tal como le indico a continuación:

1. Simule que se las dice a alguien a quien conoce. Cierre el puño y sosténgalo frente a su rostro. Ahora apriete los dientes, agite el puño hacia la persona en forma hostil y diga: "Te amo." ¿Cree que la persona que escucha su mensaje de amor le creerá?

2. Ahora probemos otro experimento. No cierre el puño ni apriete los dientes. Mire a lä persona y dígale: "Te amo." Pero esta vez, agregue unos

signos de interrogación: "¿Te amo?" ¿Cree que él o ella aceptará su mensaje esta vez?

Hemos suprimido la parte no verbal de la comunicación y hemos transmitido sólo las palabras (7%) y el tono de voz (38%). Habrá observado que el tono de la voz sigue siendo la parte más poderosa de la comunicación.

A modo de entretenimiento, trate de decir "Te amo" de varias maneras más. Cambiando la inflexión de la voz, se puede cambiar totalmente el mensaje.

3. Diga "Te amo" sin gestos y sin emoción alguna. La persona que lo oiga, no estará segura del mensaje. Sin entonación y sin comportamiento no verbal, la persona quedará confundida. Las palabras son positivas, pero no hay tono ni gestos positivos.

4. Vamos a ampliarlo un poco. Diga ahora "Yo te amo", y ponga un énfasis especial en la palabra *yo*. Ahora está diciendo: "Aunque nadie más te ame, 'yo' te amo."

5. Diga "Te amo", poniendo el énfasis ahora en la palabra *amo*. Está diciendo que ama a la persona, y no sólo que le cae bien.

6. Diga "Te amo a ti", subrayando las palabras *a ti*. En comparación con los demás, *tú* eres el objeto de mi amor.

Cuando llega el momento de decidir qué hacer con la ira, debemos tener en cuenta el contenido, el tono de voz y el comportamiento no verbal. Estos delatan lo que sentimos realmente acerca de algo. Cuando nuestra pequeña Peggy se detiene delante de nosotros con los brazos cruzados y el labio inferior proyectado hacia afuera, y nos dice que no está enojada, leemos un mensaje totalmente diferente en sus gestos.

El estudio del lenguaje corporal se llama cinésica

(de "kinesis", movimiento). Este estudio nos ayuda entre otras cosas a aprender mejor cómo transmitimos los sentimientos de ira.

El lenguaje corporal tiene que ver con un concepto denominado "proxemia" o "espacio territorial". Todos los seres humanos tienen su propio espacio territorial. La silla preferida del dueño de la casa, mi habitación, el asiento reservado en la iglesia o en una reunión porque he puesto mi abrigo o mi cartera encima de él... Todas estas son indicaciones de que queremos proteger lo que consideramos que es "nuestro espacio territorial".

Cuando invaden mi espacio territorial, tengo tendencia a airarme. Si alguien lee el periódico por encima de mi hombro, me molesta. Si una persona del sexo opuesto se acerca demasiado a mi pareja, me siento mal. Si alguien pesca en mi lugar favorito, me irrito. Si un compañero de trabajo invade mi zona de responsabilidad y hace algún trabajo en ella, me siento amenazado y me pongo tenso. Si alguien me mira fijo demasiado tiempo, me siento incómodo primero y después fastidiado. Si alguien me hace demasiadas preguntas, me siento provocado y pienso que se está metiendo en lo que no le corresponde. Todos tendemos a reaccionar con ira cuando pensamos que están invadiendo nuestro espacio territorial.

Hay muchas maneras diferentes de expresar la ira en forma no verbal. Una de ellas son los movimientos simples y enérgicos con la mano. Aunque no digamos una sola palabra, en realidad estamos diciendo mucho. Hay personas que tratan de manifestar su resentimiento a través de fuertes insultos de colores subidos.

A veces, la persona que está en desacuerdo con otra, se burla de ella usando el indignado gesto que consiste en colocar el pulgar en la punta de la nariz y mover los dedos restantes. En ciertas ocasiones, se usan ambas manos. La descripción más antigua que conocemos de este gesto aparece en los escritos de François Rabelais, en 1532.[1]

Entre las manifestaciones no verbales de disgusto, desacuerdo e ira se hallan el movimiento de echar la cabeza hacia atrás, un pequeño golpe con los dedos bajo el mentón, un rápido golpe con el pulgar en los dientes superiores, y muchos más.

Todos los gestos anteriores transmiten disgusto, fastidio o ira abierta. Sin palabras, indican lo que la persona siente realmente por dentro.

Sin embargo, debemos tener cuidado al leer el lenguaje corporal de otra persona. El solo hecho de que cruce los brazos no significa que la persona nos rechace o nos sea hostil. A lo mejor sólo quiere decir que la posición es muy cómoda para esa persona, especialmente si tiene problemas de columna. Al cruzar los brazos por delante puede estar aliviando la tensión de la espalda.

Debemos leer el lenguaje corporal en su contexto. En otras palabras, no debemos deducir, por un solo gesto, que la persona está airada. Trate de descubrir otras indicaciones no verbales. Si una persona está enfadada, tendrá varias reacciones no verbales; no una sola. Cuando alguien se cruza de brazos, habla entre dientes y se marcha apresuradamente, podemos estar seguros que está enojado.

Los gestos de cruzarse de brazos, volver el cuerpo hacia un lado o girarlo completamente para dar la espalda a la otra persona y cruzar las piernas, son indicaciones de que hay una actitud de defensa y competencia, o bien de ira y hostilidad (o de ambas cosas juntas).

Gerard I. Nierenberg, coautor de *How to Read a Person Like a Book* (Cómo leer a una persona como si

fuera un libro), y *The Art of Negotiating* (El arte de negociar), hace algunas observaciones interesantes sobre el hecho de cruzar las piernas. Filmó dos mil sesiones de negocios. En dichas sesiones observó que cuando los que representaban a las partes interesadas tenían cruzadas las piernas, el enfrentamiento había alcanzado una etapa de gran competencia. También comenta que en las dos mil sesiones filmadas, no se llegó a ningún acuerdo hasta que todos los presentes descruzaron las piernas.[2]

Debemos verificar verbalmente con la otra persona las señales no verbales que recibimos. "Betty, tengo la impresión de que estás molesta conmigo, ¿es cierto?" "¿Pasa algo, Juan?" "Laura, ¿estás enojada conmigo?" Estas formas de verificación harán más clara la comunicación, y ayudarán a la otra persona a reconocer las emociones que se están filtrando a través de sus gestos. He podido comprobar que muchas personas no tienen conciencia de sus propias emociones. Hay personas a las que les resulta muy difícil aceptar que sienten ira.

Hace poco me ocurrió un interesante incidente que ilustra cómo la gente se resiste a admitir sus sentimientos de ira. Iba a llevar de paseo a algunos estudiantes después de un partido de fútbol. Llegué antes de la finalización del partido y busqué un lugar para estacionar. No me resultó fácil encontrarlo, porque había muchísimos vehículos estacionados y la calle era estrecha. Finalmente, descubrí uno al final de la calle. Estacioné mi automóvil y comencé a leer un libro mientras esperaba a que terminara el partido. Estaba concentrado en el libro cuando escuché de pronto un ruido y advertí una gran nube de polvo que pasó flotando junto a mi automóvil.

Miré por el espejo retrovisor a tiempo para ver a una pequeña camioneta que venía deslizándose hasta detenerse detrás de mi vehículo. Mientras miraba, un joven bajó de la camioneta y cerró dando un portazo. Miraba hacia donde estaba yo y venía diciendo algo con una expresión de enojo en el rostro. Bajé del automóvil, me dirigí hacia él y le pregunté:

— ¿Pasa algo, joven? — Dentro de mí, yo sabía que sí pasaba algo.

— ¡Claro que pasa algo! — gritó —. Todo el mundo estaciona frente al garaje de mi casa.

Evidentemente, no era aquella la primera vez que su garaje quedaba bloqueado por los vehículos de la gente que concurría a los partidos de la escuela. Luego miré hacia atrás, para ver dónde estaba estacionado mi vehículo. Afortunadamente, no estaba bloqueando ninguna entrada.

Me volví hacia el joven y le dije: — Creo que yo también me pondría furioso si alguien me bloqueara mi entrada.

En seguida hizo el clásico comentario: — ¡No, si yo no estoy furioso! Simplemente, no me gusta que estacionen aquí todos estos vehículos —. Había un notable contraste entre la negación verbal y toda la conducta no verbal de este joven.

Las expresiones faciales indican marcadamente lo que la persona siente por dentro. Las personas que nos rodean detectan así estas fuertes emociones. Encontramos un buen ejemplo de ello en un libro titulado *Searchlight on Bible Words* (Luz sobre las palabras de la Biblia). Unos misioneros de la organización Wycliffe de traductores de la Biblia estaban tratando de traducir la Biblia al dialecto llamado "rincón", de los indios zapotecas mexicanos. Cuando llegaron a la expresión "te perdono", les resultó muy

difícil trasmitirles esta idea a los indios. Para comunicarla de tal manera que pudieran entenderla, terminaron por traducirla de esta manera en su dialecto: "Mi rostro te da sanidad."[3]

Resulta muy interesante pensar que nuestro rostro puede ayudar a sanar, o puede producir gran dolor y daño.

Nuestra manera de pararnos o sentarnos les dice a los demás si estamos enojados o tristes. Las expresiones faciales indican alegría o irritación. El tono de voz traiciona los verdaderos sentimientos, y los gestos corporales indican la frustración y la furia, o el amor y el perdón que sentimos.

A medida que nos tornamos más conscientes de nuestro propio lenguaje corporal y del de los demás, comenzamos a ver más claramente nuestra propia ira. A medida que va aumentando mi grado de conciencia acerca de la ira que tengo, me voy enfrentando a decisiones cada vez más definidas: ¿Me enfrento a mi ira y aprendo a relacionarme con ella, o simplemente la dejo que siga su curso?

Hemos visto hasta aquí que la ira es una emoción que todos experimentamos. Hemos llegado a comprender que tenemos que tomar una decisión respecto a ella. También hemos conocido a la familia de los airados, y hemos visto sus diversas expresiones. Hemos descrito algunas expresiones no verbales de ira. En el próximo capítulo veremos cómo se relaciona la ira con la salud física, y cómo la afecta.

---

[1]Desmond Morris y otros, *Gestures: Their Origins and Distribution* (Nueva York: Stein & Day, 1979), pp. 27, 28.

[2]Gerard L. Nierenberg y Henry H. Calero, *How to Read a Person Like a Book* (Nueva York: Pocket Books, 1971), pp. 54-56.

[3]James C. Hefley, *Searchlight on Bible Words* (Grand Rapids: Zondervan, 1972), p. 121.

4

La ira y la salud

Mientras tomaba asiento en mi oficina, Karen me decía desconcertada: — ¡Es imposible! ¡He tratado de mantenerme en esta absurda dieta, y no me sirve de nada! ¿Me puede ayudar usted?

En los momentos que siguieron, hablamos sobre su dificultad para bajar de peso. Me contó todos sus fracasos con las dietas especiales y los programas de ejercicios.

Luego le pregunté cómo le iba con los problemas emocionales. Me dijo que, fuera de los problemas de peso, no tenía mayor dificultad con ellos.

— ¿Le cuesta mucho ser sincera con los demás? — le pregunté.

— No. Puedo hablar prácticamente con cualquiera — me contestó.

Tuve una corazonada, le pregunté de pronto: — ¿Con quién está enojada?

Sorprendida, me respondió: — ¡Con nadie!

Desde ese momento, necesitamos unos treinta minutos para llegar a algunos asuntos muy personales. Lo que sucedía era que Karen había sido herida profundamente por los parientes de su esposo. Sentía que habían tenido un comportamiento injusto con ella, y que se habían estado aprovechando económicamente de su esposo.

— No han trabajado un solo día de su vida — decía Karen.

— ¿Advierte usted que hay ira en sus palabras? — le pregunté —. ¿Encuentra alguna relación entre el acto de tragarse sus sentimientos de ira y el de comer continuamente?

En el curso de las semanas que siguieron, Karen se fue haciendo cada vez más consciente de su resentimiento. El caso de Karen no significa que todas las personas con exceso de peso se lo deban a la ira, pero sí sabemos que existe una relación muy estrecha entre el exceso en las comidas y las emociones. También sabemos que una de las emociones más fuertes es la ira, como quiera que se disfrace.

El me hace perder el apetito

En su libro *None of These Diseases* (Ninguna de estas enfermedades), S. I. McMillen menciona más de cincuenta enfermedades que pueden ser provocadas por las emociones. McMillen, que es médico, escribe: "En el momento en que comienzo a odiar a un hombre, me convierto en su esclavo. Ya no puedo disfrutar de mi trabajo, porque él controla hasta mis pensamientos. El resentimiento produce presión en las hormonas, que a su vez afecta mi organismo, y me fatigo con unas pocas horas de trabajo. El trabajo que antes disfrutaba, ahora me resulta penoso. Ni las vacaciones me dan placer ya. Puedo estar paseando en un lujoso auto en pleno otoño por la orilla de un lago bordeado por un bello bosque de arces, robles y abedules, que por lo que hace al placer que soy capaz de sentir, lo mismo me daría estar conduciendo un destartalado camión en medio de la lluvia y el barro.

"El hombre que odio me persigue dondequiera que vaya. No puedo escapar de la tiránica garra con la que tiene asida mi mente. Cuando el camarero me sirve un delicioso bistec con papas fritas, espárragos, ensalada y torta de fruta con helado, me daría lo mismo que fueran pan duro y agua. Mis dientes mastican la comida y yo la trago, pero el hombre que odio no me permite disfrutarla.

"El rey Salomón debe haber tenido una experiencia como la mía, porque escribió: 'Mejor es la comida de legumbres donde hay amor, que de buey engordado donde hay odio' (Proverbios 15:17).

"El hombre que odio puede estar a muchos kilómetros de mi cuarto. Sin embargo, con más crueldad que un capataz de esclavos, fustiga mis pensamientos con tal frenesí, que mi mullido colchón se transforma en un potro de tortura. El más humilde de los siervos puede dormir, pero yo no. Tengo que reconocer el hecho de que soy esclavo de todo hombre sobre el cual derramo la copa de mi ira."[1]

McMillen pone un buen ejemplo acerca de lo devastadora que puede ser la ira: "El famoso fisiólogo John Hunter sabía lo que la ira podía hacerle a su corazón: 'El primer bribón que me ponga furioso, me va a matar.' Algún tiempo después de que él dijera esto, en una reunión científica, un orador hizo afirmaciones que enardecieron a Hunter. Mientras se ponía de pie, para atacar duramente al orador, su enojo les causó tal contracción a los vasos sanguíneos de su corazón, que cayó muerto."[2]

¿Qué tal está su estómago?

En todas las culturas del mundo se puede notar la relación entre las emociones y el bienestar físico. Probablemente, uno de los ejemplos más notables sea el de la tribu *waffa*, de las montañas de Nueva Guinea. Los waffas describen sus emociones por medio de su estómago.

Emoción	Descripción
Arrepentirse	"El estómago está pesado."
Disgustarse	"El estómago está de mal genio."
Enojarse	"El estómago está dolido."
Enfurecerse	"El estómago está agrio."
Ser feliz	"El estómago está bien."
Pensar	"Agarrarse una oreja."

Para trasmitirles la idea del perdón a los waffas, los traductores de la Biblia tuvieron que escribir: "Agarra tu oreja y dáles un buen estómago."[3]

En nuestra cultura también tenemos expresiones sobre las emociones, que llevan en sí la sugerencia de que puede haber problemas físicos.

Expresión	Problema físico
"Me revuelve el estómago."	Nerviosidad estomacal, úlceras.
"Me asfixia."	Asma, alergias.
"Estoy tan furioso, que se me nota por mucho que trate de ocultarlo."	Erupciones, urticaria, espasmos.
"Me quedé mudo de rabia."	Tartamudeo, problemas de garganta.
"Lo molería a palos."	Artritis, problemas de columna.
"Estallé."	Jaquecas, dolores de cabeza.
"Estaba ciego de rabia."	Glaucoma, queratitis.

He estado presente en sesiones de orientación en las cuales un paciente airado o temeroso se cubría de erupciones, comenzaba a toser y tenía dificultades para respirar. Todos hemos oído expresiones tales como: "Parece que vas a reventar", y otras por el estilo.

Los efectos de la ira

Leo Madow, profesor y director del departamento de psiquiatría y neurología en la Facultad de Medicina de Filadelfia, explica lo que ocurre cuando uno "se sale de sus casillas". Afirma que las hemorragias cerebrales se producen generalmente por una combinación de hipertensión y arterioesclerosis cerebral. A veces se le llama apoplejía o ataque, y puede tener un fuerte factor emocional, como se ve en expresiones como "Estalló de rabia" y "¡No lo tomes tan a la tremenda, que te van a reventar las venas!" La ira puede provocar una hipertensión que hace estallar la arteria cerebral enferma y así se produce el ataque. La ira reprimida no sólo produce síntomas físicos, que van desde las jaquecas hasta las hemorroides, sino que también puede agravar seriamente enfermedades físicas ya existentes. Aun cuando la enfermedad sea de tipo orgánico, la ira puede desempeñar un importante papel en la forma en que reaccionamos ante ella. Si nos enfadamos por estar enfermos e imposibilitados, incapacitados para trabajar, con unas cargas económicas cada vez mayores, la ira puede prolongar tanto la enfermedad como la convalescencia."[4]

Norman Wright, profesor adjunto de psicología en la Universidad Biola y orientador profesional en asuntos matrimoniales y familiares, afirma: "La ira reprimida se puede desquitar fácilmente en el cuerpo, provocando crueles jaquecas. El sistema gastrointestinal, ese tubo de nueve metros que va desde la boca hasta el recto, reacciona maravillosamente ante la ira reprimida. Es posible que la persona experimente dificultad para tragar, náuseas, vómitos, úlceras gástricas, estreñimiento o diarrea. La causa más frecuente de la colitis ulcerosa es la ira reprimida. Esta puede afectar también a la piel, provocando urticarias, prurito y deurodermatitis. Es común que produzca desórdenes respiratorios como el asma, y el papel que desempeña en las trombosis de las coronarias es algo bastante aceptado."[5]

¡Escuche! Su cuerpo trata de decirle algo

Hay un interesante estudio que lleva por título "Relación entre ciertas actitudes y emociones específicas y algunas enfermedades corporales." W. J. Grace y D. T. Graham informan en él acerca de ciento veintiocho pacientes que fueron estudiados en la clínica externa de un hospital. Las entrevistas duraban aproximadamente una hora y se realizaban hasta dos veces por semana.

La mayoría de los pacientes hicieron en total diez visitas o más a la clínica. Se estudiaron doce síntomas o enfermedades. En las entrevistas, el primer objetivo consistía en definir las situaciones temporalmente asociadas a los síntomas de los ataques que sufría el paciente. Una vez identificadas tales situaciones, el paso siguiente consistía en obtener del paciente una descripción de la actitud adoptada por él. Es decir, se le pedía una declaración clara y sin ambages acerca de lo que sentía que le estaba sucediendo y lo que quería hacer al respecto cuando se presentaba el síntoma. Los resultados fueron los siguientes:

1. Urticaria o erupciones — 31 pacientes
Aparecían cuando el paciente se sentía maltratado. Se sentían como quien recibe un golpe, y no puede hacer nada para impedirlo. Sus expresiones típicas son las siguientes:

"Sentía como si me estuvieran aporreando."
"Mi novio me dejó por los suelos, pero ¿qué podía hacer yo?"

2. Eczemas — 27 pacientes
Aparecían cuando el individuo sentía que le estor-

baban y le impedían hacer algo, y no se le ocurría cómo manejar la frustración.

"Quiero que mi madre entienda, pero no lo consigo."

3. Manos frías y húmedas — 10 pacientes

Cuando el individuo sentía que tenía que comenzar algún tipo de actividad, aun cuando no supiera precisamente qué debía hacer.

"Simplemente, tenía que mantenerme ocupado."

4. Rinitis vasomotora o coriza — 12 pacientes

Aparecía cuando la persona se enfrentaba a una situación ante la cual no podía hacer nada. Deseaba que la situación desapareciera, o que alguna otra persona se hiciera cargo del problema. La membrana mucosa comenzaba a segregar en exceso, para arrastrar la sustancia extraña, para eliminarla.

"Quería borrarlo todo. Quería construir una pared entre él y yo."

"Quería meterme en la cama y taparme hasta la cabeza con la sábana."

5. Asma — 7 pacientes

Aparecía en situaciones idénticas al síntoma anterior (resfrío normal).

"Simplemente, no podía enfrentarme con la situación."

"Quería que se marcharan."

6. Diarrea — 27 pacientes

Aparecía cuando un individuo quería que una situación se acabara, o librarse de algo o de alguien.

7. Estreñimiento — 17 pacientes

Aparecía cuando un individuo estaba firmemente resuelto a seguir adelante, aun cuando tuviera ante sí un problema que no podía resolver.

"Tengo que seguir con esto, aunque no me guste."

"Me mantendré firme, aunque no consiga nada."

8. Náuseas y vómito — 11 pacientes

Aparecían cuando el paciente estaba pensando en algo que deseaba que nunca hubiese ocurrido. Estaba preocupado por el error que había cometido, más que por lo que debería haber hecho.

"Ojalá nunca hubiera ocurrido."

"Cometí un error."

Algunos de ellos se sentían muy culpables por algún hecho desagradable de su pasado. Más de una mujer ha tenido muchos ataques de vómitos de este tipo después de quedar embarazada. No por problemas físicos, sino porque no deseaba tener el bebé.

9. Úlcera del duodeno — 9 pacientes

Aparecía cuando el paciente quería vengarse. Deseaba herir a la persona o cosa que lo había dañado a él.

"Quería vengarme."

"El me hizo daño, así que yo quería hacérselo a él."

"Esa mujer me carcome."

10. Jaqueca — 14 pacientes

Aparecía cuando un individuo había estado haciendo un intenso esfuerzo por llevar adelante un determinado programa o alcanzar objetivos prefijados. El dolor de cabeza se producía cuando el esfuerzo ya había terminado, independientemente de que la actividad hubiera concluido con éxito o fracaso.

"Tenía que terminarlo de cualquier modo."

"Tenía miles de cosas que hacer antes del almuerzo."

"Estaba tratando de terminar todo aquello."

11. Hipertensión arterial — 7 pacientes
Aparecía cuando el individuo sentía que debía estar constantemente preparado para enfrentarse a cualquier tipo de amenaza.

"Nadie me va a derrotar jamás. Estoy preparado para todo."

"Me tocaba a mí resolver todos los problemas."

12. Dolores de cintura — 11 pacientes
Se presentaban cuando el paciente quería realizar alguna acción que requería movimientos con todo el cuerpo. La actividad en la que tales pacientes solían pensar, era marcharse o alejarse de una situación.

"Sencillamente, quería marcharme de la casa."

"Quería escapar."[6]

Como se puede ver, hay una interacción muy compleja entre los aspectos psicológicos y fisiológicos de nuestro ser. Personalmente pienso, como otros, que un gran número de los problemas físicos que tenemos, hallan sus raíces en una ira sin resolver.

Ciego de ira
Recuerdo haber visitado a un pastor de setenta y dos años de edad que se encontraba hospitalizado por un fuerte padecimiento de glaucoma. En principio, era un buen hombre que amaba a Dios y deseaba servirle pero, como muchos cristianos, nunca se había enfrentado de la forma debida con el pecado de la ira. Cuando llegué a su habitación, no estaba preparado para la explosión de ira que se produjo en él. Sin ninguna ceremonia, procedió a vituperar a la profesión médica en general y a los médicos y enfermeras del Hospital Regional en particular. Después de unos minutos, se puso pálido de ira. Tomándolo por la muñeca, lo sacudí y le dije: "¡Paul, si no te detienes, te

vas a matar!" Poco me imaginaba que a los dos días moriría de un ataque cardíaco, a pesar de que nunca antes había tenido un ataque y no había sido internado en el hospital por problemas del corazón.

Varios meses después de su funeral, usé su caso como ilustración en un sermón. Después del servicio, un oftalmólogo me dijo: "Acabo de leer esta semana en una revista médica que la ira reprimida es una de las causas primordiales del glaucoma."

¿Quién es el que echa humo, usted o el cigarrillo?

El psiquiatra y escritor Dwight L. Carlson señala: "Los estudios más recientes han demostrado que los fumadores aumentan gradualmente su nivel de ira. Otros estudios indican que la hostilidad puede ser un factor precipitante en los casos de presión alta. La hostilidad también es señalada como uno de los tres principales factores en los propensos a la trombosis coronaria, lo cual aumenta considerablemente el riesgo de los ataques cardíacos. Los pacientes con síntomas crónicos de dolor también muestran niveles de ira cada vez mayores."[7]

Theodore I. Rubin, psiquiatra y autor de *The Angry Book* (El libro airado), cree que "casi todas las personas tienen dificultad para relacionarse con la ira en alguna medida". Piensa que tanto la inanición como el exceso de alimentación pueden ser formas de ira. Cree que las obsesiones, las compulsiones y las fobias pueden ser causadas por ella. En su opinión, los enfermos crónicos y aquellos que se privan de dormir tienden a ser personas muy airadas.[8]

Conozco dos psicólogos dedicados a consejería, que han notado una fuerte correlacción entre la ira y las marcas en el rostro. Creen que hay una relación estrecha entre el resentimiento y los problemas de piel.

Sólo fue un pequeño malestar

En su libro *Anger: How to Recognize and Cope With It,* (La ira: cómo reconocerla y manejarla), Leo Madow sostiene que la tendencia a los accidentes es una forma de ira. Escribe: "Una manifestación de la ira reprimida son los accidentes. Describimos a algunas personas diciendo que tienen 'tendencia a accidentarse'. Sus accidentes pueden afectarlos a ellos mismos o bien a otros. El hombre airado es capaz de dar un portazo y golpearse la mano o golpear la de otra persona. Se sube a su automóvil, lo pone en marcha y atropella a alguien, o retrocede y choca contra un poste telefónico, lesionándose. El hombre que está colgando un cuadro por petición de su esposa cuando preferiría estar mirando su deporte favorito por televisión, se golpea fácilmente el dedo con el martillo. Se expresa entonces su ira de una manera tal que él mismo no la habría admitido cinco minutos antes del accidente.

"Un conocido que sabía mi interés por la relación entre los accidentes y la ira, me dijo que él había tenido un accidente en el que se quebró la muñeca al caer, produciéndose una fractura típica, pero afirmaba que el accidente estaba totalmente desvinculado de la ira. 'No hice sino ir a contestar el teléfono, tropecé con una silla y caí apoyando la mano, porque la había extendido para amortiguar el golpe.' Le pedí más detalles. 'Era un día hermoso. Me encontraba trabajando en el jardín, Mis rosas estaban floreciendo maravillosamente y yo estaba disfrutando. Sentía cualquier cosa, menos ira. Sonó el teléfono. Mi esposa y mi hija estaban adentro, y estaba seguro de que atenderían la llamada, pero siguió dando timbre y dando timbre.' "

El amigo de Madow continuó explicando que le molestó que nadie contestara el teléfono. Irritado, se insultó a sí mismo y entró a la casa dando fuertes zapatazos, para contestar el teléfono. Fue durante ese arranque de ira cuando tropezó con la silla. Cuando se dio cuenta de lo que le había ocurrido en realidad, se echó a reír.[9]

Los accidentes ocasionados por la ira y la frustración no resueltas, no son motivo de risa. No hace mucho, un joven sufrió un trágico accidente cerca de nuestra casa. Circulaba a toda velocidad por una autopista que cruzaba la ciudad y no pudo tomar una curva. Su automóvil se salió de la ruta, se volcó y quedó destruido. El joven murió instantáneamente. Cuando la policía investigó las circunstancias que rodeaban al accidente, hizo el siguiente descubrimiento: El joven y su novia habían discutido diez minutos antes del accidente. Como resultado de esa discusión, el joven subió a su automóvil y se marchó a toda carrera de la casa de ella... para no volver jamás.

La ira es una emoción poderosa. Tanto, que puede afectar la salud de muchas maneras. Puede provocar el hipo, la frigidez, el vaginismo, la impotencia, la esclerodermia, la psoriasis, el bruxismo (el gesto de rechinar los dientes, especialmente de noche) y algunos casos de enuresis.

Siento un dolor en el pecho

Las enfermedades del corazón también pueden ser provocadas por la ira. Uno de los libros básicos sobre las enfermedades cardíacas es *Type A Behavior and Your Heart* (La conducta tipo "A" y su corazón), por los doctores Meyer Friedman y Ray H. Rosenman. Este libro describe a los individuos propensos a las enfermedades cardíacas, a quienes llama "personas tipo

A". Describen a los que forman este grupo de la siguiente manera:

"Es un peculiar y complejo conjunto de rasgos de personalidad, que incluye un excesivo impulso competitivo, agresividad, impaciencia, y un acuciante sentido de la urgencia del tiempo. Los individuos que muestran esta conducta parecen estar entregados a una lucha crónica, incesante y a menudo inútil; a una lucha con ellos mismos, con los demás, con las circunstancias, con el tiempo, a veces con la vida misma. A menudo exhiben también cierta forma de hostilidad cambiante, pero explicada racionalmente, y casi siempre un sentimiento de inseguridad hondamente arraigado."[10]

Más adelante, los autores se refieren directamente a la agresión y la hostilidad en las personas del tipo A. "A ningún hombre con ansias de triunfar le falta por completo el espíritu de empresa. Ciertamente, son muy pocos los individuos del tipo A, si es que hay alguno, que carecen de este rasgo. Al contrario, la mayoría de las personas de tipo A poseen tanta carga de dinamismo, que a menudo se convierte en hostilidad abiertamente manifestada. Pero el dinamismo excesivo, y por supuesto, la hostilidad, no siempre son fácilmente detectados en los individuos de tipo A, ya que a menudo ocultan dichos sentimientos e impulsos bajo una gruesa cubierta protectora. En realidad muy pocas de estas personas son conscientes de su exceso de agresividad, y casi ninguna de ellas es consciente de su hostilidad. Tanto es así, que es posible que sólo despues de un trato bastante íntimo con la persona de tipo A, ésta ponga de manifiesto su hostilidad.

"Quizá el principal índice de la presencia de agresividad u hostilidad en casi todos los individuos de tipo A es la tendencia permanente a competir con otras personas o a desafiarlas, ya sea en actividades deportivas, juegos de cartas, o simples discusiones. Si su energía se ha convertido en franca hostilidad, a menudo se advierte que hay una nota de rencor en sus palabras, hasta cuando se habla informalmente con ellas. Tienden a molestarse en determinados

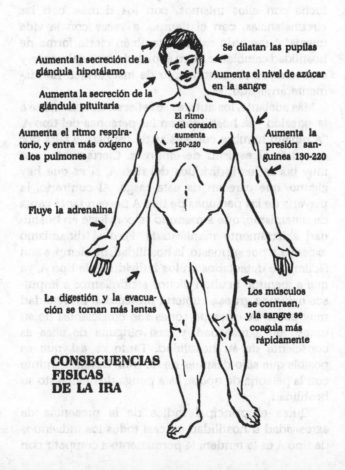

Aumenta la secreción de la glándula hipotálamo

Se dilatan las pupilas

Aumenta el nivel de azúcar en la sangre

Aumenta la secreción de la glándula pituitaria

El ritmo del corazón aumenta 180-220

Aumenta el ritmo respiratorio, y entra más oxígeno a los pulmones

Aumenta la presión sanguínea 130-220

Fluye la adrenalina

La digestión y la evacuación se tornan más lentas

Los músculos se contraen, y la sangre se coagula más rápidamente

CONSECUENCIAS FISICAS DE LA IRA

momentos de una conversación, mientras que la persona normal se reiría de sí misma con modestia, o bien pasaría por alto un tema potencialmente conflictivo."[11]

Los autores explican lo que ocurre dentro del organismo cuando uno se enoja. "Por otro lado, si alguien se pone furioso por alguna circunstancia, su hipotálamo envía señales casi instantáneamente a todas o casi todas las terminaciones nerviosas del simpático (esa porción del sistema nervioso que no está totalmente bajo nuestro control), haciendo que segreguen cantidades relativamente grandes de epinefrina y norepinefrina (también conocidas como adrenalina y noradrenalina o, en forma conjunta, como catecolaminas). Además, ese mismo ataque de ira probablemente induzca al hipotálamo a enviar señales adicionales a la glándula pituitaria, que domina a todas las glándulas endocrinas, urgiéndola a segregar algunas de sus propias hormonas (tales como la hormona del crecimiento) y también a enviar señales químicas a la glándula suprarrenal, a las sexuales, a la tiroides y al páncreas, para que a su vez segreguen sus hormonas específicas en cantidades mayores. Como consecuencia de todo ello, los tejidos no sólo estarán bañados por un exceso de catecolaminas cuando la persona se ponga furiosa, sino que también podrán entrar en contacto con cantidades excesivamente grandes de diversas hormonas pituitarias y suprarrenales, como la testosterona (o estrógeno), la tiroxina y la insulina."[12]

Friedman y Rosenman dicen también que "la mayoría de los sujetos del tipo A exhiben (1) un nivel mayor de colesterol y grasas en la sangre; (2) una mayor lentitud para liberar a la sangre del colesterol que se acumula por la comida ingerida; (3) un estado prediabético, y (4) una tendencia mayor a perder los elementos coagulantes de la sangre (plaquetas y fibrinógeno) por precipitación. En cierto sentido, los sujetos tipo A exponen demasiado a menudo sus arterias a drogas de 'alto voltaje', incluso durante los momentos de 'bajo voltaje' en la vida cotidiana."[13]

Preguntas sobre las enfermedades

Es posible que su reacción sea preguntar: "¿Acaso no puede una persona estar enferma sin estar enojada?" La respuesta es que sí, por supuesto que puede enfermarse. No obstante, necesitamos tener en cuenta que gran cantidad de enfermedades son causadas por la ira y la hostilidad reprimidas. De la misma forma, muchas enfermedades se agudizan con los odios ocultos, los disgustos, los temores y los rencores.

Si usted ha tenido problemas físicos últimamente, podría hacerse las siguientes preguntas:

1. ¿Cuando me sentí mal por primera vez?
2. ¿Que circunstancias emotivamente fuertes tuvieron lugar en mi vida en esos momentos?
3. ¿Me sirve de algún provecho estar enfermo? ¿Me ayuda la enfermedad a evitar a alguien? ¿Me ayuda a evitar alguna tarea o responsabilidad?
4. ¿Me ayuda la enfermedad a vengarme de alguien? ¿Es mi enfermedad un arma para hacer que otro se arrepienta de lo que me ha hecho? ¿Domino a los demás al obligarlos a ocuparse de mis necesidades? ¿Consiste acaso mi venganza en hacer que adapten sus planes a mis necesidades? ¿Logro que me dediquen un tiempo que normalmente no me dedicarían?
5. Si mi enfermedad tiene su origen en la ira, ¿por qué tengo temor de expresarla? ¿Cuál sería la peor de las consecuencias si expresara mi ira?
6. Si no estuviera enfermo, o sintiéndome enfermo,

¿cómo me gustaría sentirme? Si no estuviera enfermo o sintiéndome enfermo, ¿qué me gustaría estar haciendo? ¿Cómo me gustaría comportarme?

7. ¿Qué otras alternativas tengo, además de estar o sentirme enfermo? ¿Tengo alguna forma de ser productivo? ¿Cómo podría ayudar a otros a pesar de estar yo mismo pasando por problemas?

8. ¿Estoy dirigiendo mi ira hacia mí mismo o hacia Dios con mi enfermedad? ¿Me estoy castigando a mí mismo? ¿Siento que Dios me está castigando? ¿Por qué habría de castigarme Dios? ¿Pienso que Dios me podría estar castigando, simplemente porque no entiendo lo que me ocurre...? ¿O tengo miedo de enfrentarme a la ira que siento dentro de mí?

Como vemos, no siempre es fácil llegar a la raíz de la ira que sentimos. Sin embargo, con la ayuda de Dios y un poco de sinceridad de nuestra parte, podemos llegar a ser nuestros propios consejeros. No necesitamos un título en medicina o en psicología para descubrir la causa de nuestro comportamiento y el correctivo correspondiente, aunque pueda servir de ayuda en algunas oportunidades.

Esto me trae a la memoria el relato de un psiquiatra que fue a visitar a uno de sus pacientes en un asilo de dementes. Después de la visita, se iba en su auto y apenas dio la vuelta en la esquina, se le pinchó un neumático. Se detuvo, sacó la rueda de repuesto, retiró las tuercas de la rueda averiada y las colocó en el tapacubos de la rueda. Mientras él cambiaba el neumático, uno de los internados lo observaba silenciosamente desde el otro lado del alambrado.

Mientras colocaba la rueda de repuesto, le dio un puntapié sin querer al tapacubos de la rueda, desparramando las tuercas, que fueron a caer a la cuneta, y se colaron por la alcantarilla. El psiquiatra dijo en voz baja: — ¿Qué voy a hacer ahora?

El internado que estaba del otro lado de la cerca le dijo: — ¿Por qué no le saca una tuerca a cada una de las otras ruedas y se las coloca a esta? Luego, cuando llegue a la estación de servicio, puede comprar otras.

—¡Fantástico! — respondió el psiquiatra —. Es una idea realmente brillante. ¿Qué hace un hombre tan inteligente como usted en un asilo de dementes?

El internado le respondió: —Estoy aquí por loco, pero no por tonto!

Podemos enfermarnos en distintos momentos de la vida. La enfermedad puede ser producida por la ira, o agravada por ella. . . pero no nos conviene desconocer lo que ocurre. Tenemos algunas posibilidades delante de nosotros. Más adelante reflexionaremos acerca de cuáles son.

El próximo capítulo ofrece un inventario acerca de la ira. Nos ayudará a medir la ira que estamos experimentando en este momento de la vida.

---

[1]S. I. McMillen, *None of These Diseases* (Westwood, Nueva Jersey: Spire Books, 1973), p. 72.

[2]Ibíd., p. 69

[3]Hefley, *Searchlight on Bible Words*, pp. 119, 120.

[4]Leo Madow, *Anger* (Nueva York: Charles Scribner's Sons, 1972), p. 85.

[5]H. Norman Wright, *An Answer to Anger and Frustration* (Irvine, California: Harvest House, 1977), p. 31.

[6]W. J. Grace y D. T. Graham, *Relationship of Specific Attitudes and Emotions to Certain Bodily Diseases* (Psychosomatic Classics, 1972), pp. 243-52.

[7]Dwight L. Carlson, *Overcoming Hurts and Anger* (Eugene, Oregón: Harvest House, 1981), p. 27.

[8]Theodore I. Rubin, *The Angry Book* (Nueva York: Collier Books, 1969), pp. 54-56.

[9]Madow, *Anger*, pp. 10, 11.

[10]Meyer Friedman y Ray H. Rosenman, *Type A Behavior and Your Heart* (Nueva York: Fawcett Crest, 1974), p.14.

[11]Ibíd., p. 95.

[12]Ibíd., p. 201.

[13]Ibíd., p. 202.

5

El inventario de la ira

Es muy probable que usted conozca su cociente de inteligencia. ¿Cuál es? En realidad, no me interesa saber lo hábil que es, porque la inteligencia tiene poca o ninguna relación con la capacidad para ser feliz. Lo que quiero saber es su "cociente de irritabilidad." Este se refiere a la cantidad de ira e irritabilidad que usted tiende a absorber y a anidar en su interior a lo largo de la vida cotidiana. Si usted tiene un cociente alto de irritabilidad, está en gran desventaja, porque reacciona en demasía ante las frustraciones y los desengaños, engendrando resentimientos que le empañan el ánimo y hacen de su vida una lucha sin ningún deleite.

He aquí cómo medir su cociente de irritabilidad. Lea la lista de veinticinco situaciones potencialmente enojosas que se describen a continuación. En el espacio que aparece a continuación de cada incidente, calcule la medida de ira que le provocaría normalmente, usando esta simple escala:

    0 — Sentiría poco fastidio o ninguno.
    1 — Me sentiría un poco irritado.
    2 — Me sentiría medianamente molesto.
    3 — Me sentiría bastante enojado.
    4 — Me sentiría muy enojado.

Marque su respuesta después de cada pregunta, como en el siguiente ejemplo:

> Usted va en automóvil al aeropuerto, a esperar a un amigo, y se ve obligado a dejar que pase un largo tren de carga. __2__

Esta persona contestó que se irritaría de forma moderada, pero se le pasaría en cuanto terminara de pasar el tren. Al describir cómo reaccionaría usted normalmente ante cada una de las provocaciones indicadas, haga el mejor cálculo general posible, a pesar de que muchos detalles potencialmente importantes hayan sido omitidos (tales como la clase de día que esté pasando usted, o quién o quienes están envueltas en la situación).

Escala de ira de Novaco

1. Desempaqueta un artefacto que acaba de comprar, lo enchufa y descubre que no funciona. ___

2. Un técnico al que usted está amarrado, le está cobrando más de lo que debe. ___

3. A usted le señalan sus errores, a pesar de que los de otros pasan inadvertidos. ___

4. Se le atasca el automóvil en el barro. ___

5. Está hablando con alguien que no le contesta. ___

6. Alguien simula ser lo que no es. ___

7. Cuando está haciendo malabarismos para llevar cuatro tazas de café a su mesa en la cafetería, alguien lo empuja y le hace derramar el café. ___

8. Usted ha colgado su ropa, pero alguien la hace caer al piso y no la levanta. ___

9. Un vendedor lo persigue desde el momento en que usted entra en la tienda. ___

10. Ha hecho arreglos para ir a alguna parte, pero la otra persona se echa atrás en el último momento, y usted se queda solo. ___

11. Están haciendo bromas sobre usted o le están tomando el pelo.___

12. El automóvil se le detiene en el semáforo, y el que está atrás de usted no deja de tocar la bocina.___

13. Involuntariamente, hace una mala maniobra al parquear. Cuando baja de su vehículo, alguien le grita: "¿Dónde aprendió a conducir?"___

14. Alguien comete un error y lo culpa a usted.___

15. Usted está tratando de concentrarse en su trabajo, pero una persona cercana está dando pequeños golpes en el suelo con el pie.___

16. Le presta a otra persona un libro o herramienta importante, y no se lo devuelve.___

17. Usted ha tenido un día atareado, y su esposa se queja de que ha olvidado hacer algo que le había prometido.___

18. Usted está tratando de discutir algo importante con su compañero o socio de trabajo, pero éste no le da la oportunidad de expresar lo que siente.___

19. Usted está discutiendo con alguien que insiste en hablar sobre un tema del que él sabe muy poco.___

20. Alguien se mete e interrumpe una discusión entre usted y otra persona.___

21. Necesita llegar pronto a algún lugar, pero el vehículo que va delante de usted va a cuarenta kilómetros por hora en una senda que es para sesenta, y usted no lo puede pasar.___

22. Pisa una goma de mascar en el suelo.___

23. Un pequeño grupo de personas se burla de usted cuando va pasando.___

24. En la prisa por llegar a alguna parte, rompe unos buenos pantalones con un objeto punzante.___

25. Usa su última moneda para hacer una llamada telefónica, pero la llamada se corta antes de que

termine de discar, y el aparato se traga la moneda. ___

Ahora que ha terminado el "Inventario de la ira", está en condiciones de calcular su cociente de irritabilidad. Cerciórese de no haber salteado ninguna de las situaciones. Sume el total. La puntuación más baja en esta prueba es 0; para obtenerla, tendría que tener 0 en todas ellas. ¡Esto indicaría que usted es un mentiroso, o vive fuera de este mundo! La puntuación más alta es 100. Esto significaría que anotó 4 en cada una de las veinticinco situaciones, y se halla constantemente en su punto de ebullición, o más arriba.

Ahora puede interpretar la puntuación total obtenida, de acuerdo con la siguiente escala:

0-45   La cantidad de ira e irritabilidad que experimenta, generalmente es notablemente baja. Un porcentaje muy bajo de la población alcanza una puntuación baja en esta prueba. ¡Usted está entre esa minoría selecta!

46-55   Usted es sustancialmente más pacífico que la persona promedio.

56-75   Usted reacciona ante las molestias de la vida con una ira normal.

76-85   Usted reacciona frecuentemente con ira ante las numerosas molestias de la vida. Es sustancialmente más irritable que la persona promedio.

86-100 Es usted un verdadero campeón de la ira, y su vida está plagada por reacciones frecuentes, intensas y furiosas que no desaparecen con facilidad. Es probable que albergue sentimientos negativos mucho tiempo después de que la afrenta inicial haya tenido lugar. También es posible que tenga reputación de malhumorado, o de estallar con facilidad, entre sus conocidos. Probablemente, experimentará con frecuencia jaquecas debidas a la tensión, y alta presión arterial. Es posible además que su ira se salga de control con frecuencia, y lo impulse a hostiles explosiones que lo metan en dificultades. Sólo un pequeño porcentaje de la población adulta reacciona de manera tan intensa como usted.[1]

---

[1] David D. Burns, *Feeling Good: The New Mood Therapy* (Nueva York: William Morrow, 1980), pp. 137-40.

6

Anatomía de los problemas mentales

Todos levantamos rápidamente la cabeza al oír el chirrido de unos frenos. Alcanzamos a mirar en el mismo momento en que el conductor del ruidoso automóvil abría la puerta, saltaba al suelo y se arrojaba a la calle frente a un camión que avanzaba. Hubo un segundo chirrido de frenos. De alguna manera, la rapidez de reacción del conductor del camión le permitió detener su vehículo a unos centímetros del hombre tendido en la calle. El hombre se puso en pie y comenzó a correr calle abajo, pasando frente a nuestra oficina. Una mujer que estaba en el automóvil se deslizó hacia el asiento del conductor y comenzó a perseguir al hombre. Nosotros corrimos hacia la calle y tratamos de ver el número de matrícula, pero se alejó antes de que pudiéramos hacerlo. Acabábamos de presenciar un intento de suicidio.

El suicidio ocupa ahora el décimo lugar entre las causas de muerte en los Estados Unidos. Entre los estudiantes, es la causa número dos; en el caso de los estudiantes secundarios, ocupa el tercer lugar; entre las personas de veinticinco a cuarenta y cinco años de edad, ocupa el cuarto lugar. El Departamento de Salud y Servicios Sociales de los Estados Unidos informa que un número bastante mayor a las veinte mil personas mueren anualmente por su propia mano. Esto significa alrededor de una persona cada veinte minutos. Por cada persona que logra quitarse la vida, hay de cinco a diez más que lo intentan y fracasan. Se calcula que hay actualmente más de dos millones de personas vivas que han intentado suicidarse al menos una vez.

El suicidio es el intento extremo por escapar a los problemas de la vida. ¿Qué decimos entonces de los millones de personas que son desdichadas, pero no toman esta triste decisión? ¿Cómo se enfrentan a las dificultades de la vida? ¿Acaso llegan siquiera a enfrentarse a ellas? Como se ve, el suicidio es un intento por resolver el problema de las emociones. La mayoría de las personas que intentan suicidarse tienen una gran carga de ira dentro. Están lo suficientemente airadas como para destruirse a sí mismas.

Ana había permanecido sentada sin hablar durante horas. No había probado siquiera la comida que tenía delante. Seguía sentada, inmóvil y con la vista perdida en el espacio. El doctor Wilson pasó junto a ella, y le dijo: "Hola, Ana." Ella no le contestó. Lo cierto es que hace años que no contesta. Ana está en un hospital para enfermos mentales. No ha hablado desde que entró, hace doce años.

¿Podría hablar si quisiera? Tiene las cuerdas vocales sanas, pero no quiere hablar. No ha hablado desde que rompió con su novio. ¿Qué cosa puede darle fuerzas a una persona para no hablar con nadie durante doce años? ¡La ira!

Eso es deprimente

Muchas de nuestras emociones tienen un elemento de ira. Tomemos la depresión. La depresión generalmente incluye alguna forma de ira. Es esta depresión que no es provocada por cambios químicos o biológicos en la persona. En su libro *The Psychology of Melancholy*, Mortimer Ostow escribe: "Generalmente, aún en el caso de individuos susceptibles a la depresión, se requiere algún insulto circunstancial para iniciar el proceso depresivo."[1]

Ostow agrega: "La depresión, en cada fase de su desarrollo, incluye el componente de la ira, ya sea visible o no, sea consciente o inconscientemente. La ira se dirige al individuo de quien se esperaba que proveyera amor, pero que ha defraudado esas esperanzas. En las diferentes fases, la ira puede dar lugar al deseo de irritar, herir o destruir, según el grado de sufrimiento que padezca el paciente. Aun la fantasía del renacer lleva en sí un elemento de ira, porque afirma en forma provocativa que el paciente se curará a sí mismo y que no requiere la ayuda del 'padre' que lo defraudó."[2]

Ostow luego explica el problema de la siguiente manera: "Algunos padres tratan a sus hijos con mucha hostilidad. En estos casos, el niño fija su personalidad en un modo infantil de relación con sus padres y, posteriormente es probable que como adulto tenga que luchar con una fuerte tendencia depresiva. La hostilidad abierta de padres a hijos parece algo inhumano y perverso; sin embargo, existen muchos casos así...

Incluso, en la actualidad leemos acerca de lo que ahora se llama síndrome del niño golpeado. A veces se traen al hospital o la morgue niños pequeños que muestran síntomas de severo abuso físico. La investigación descubre que han sido abandonados o, incluso, golpeados por sus padres. De tiempo en tiempo leemos en los diarios sobre hijos que han sido asesinados por uno de sus padres...

"Si estudiamos desde un enfoque psicoanalítico a los pacientes que albergan hostilidad hacia sus hijos, encontramos que en todos los casos, el padre siendo niño, tuvo que contender con una intensa ira hacia su propio padre o hacia sus propios hermanos; que había elaborado alguna maniobra defensiva para contener su ira, como por ejemplo, afecto, lealtad o sometimiento a la persona odiada, como reacción; y que con el advenimiento de la criatura de la nueva generación, esa táctica defensiva se venía abajo y el individuo tenía una vez más que enfrentar su incontenible ira...

"La hostilidad y el rechazo del progenitor constituyen una seria amenaza para el niño. Sintiéndose amenazado, se aferra con más fuerza, y este aferramiento incluye elementos de afectividad tanto como de hostilidad. La intensidad de estos sentimientos ambivalentes torna traumática la situación. Las situaciones traumáticas generalmente tienden a repetirse. El niño responderá quizás a todo rechazo subsiguiente con un aferramiento agresivo. Cuando el niño se haga adulto, puede llegar a aferrarse a una compañera poco confiable y hostil. Incluso, puede provocar el rechazo de su pareja. O como padre, repetir el mismo esquema con su propio hijo, rechazando al niño, y abusando de él en la forma en que él mismo fue rechazado y abusando."[3] ¿Cómo llega la gente al punto de querer cometer suicidio o aislarse de la sociedad? Se trata de un proceso. No ocurre de un día para el otro. El suicidio o la elección de una enfermedad mental es una forma de encarar la vida y sus frustraciones.

El proceso emocional

Creo que el proceso comienza inicialmente con una relación de mucho amor o afecto. Esta relación podría ser la de hijo a padre, de padre a hijo, de amigo a amigo, de novio o novia, de esposo a esposa. Entre-

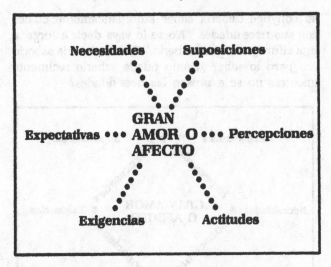

mezclados en la relación de ese intenso amor o afecto hay necesidades, expectativas, exigencias, percepciones, suposiciones y actitudes.

Estas necesidades, expectativas, exigencias, percepciones, suposiciones y actitudes pueden ser conscientes o inconscientes para el individuo. Pueden adquirir formas manifiestas o no. Las formas manifiestas y conscientes son mucho más fáciles de manejar que las formas no manifiestas o inconscientes.

En la orientación prematrimonial, generalmente pregunto por separado a los contrayentes cuáles son las expectativas respecto a su pareja. Generalmente no les molesta contarme qué es lo que esperan. Luego hago la siguiente pregunta: "¿Cuáles son las expectativas respecto a otros, de las cuales ellos ni siquiera están conscientes.

He entrevistado a muchas parejass que, después de haber estado casadas por más de veinte años, usan la técnica de la "bola de cristal". Dan por supuesto que su cónyuge debería saber automáticamente cuáles son sus necesidades. "No se lo vaya decir a Jorge; a esta altura ya debería saberlo." Quizás debería saberlo ... ¿pero lo sabe? ¿Cómo puede saberlo realmente mientras no se expresen las necesidades?

El segundo paso hacia el suicidio ocurre cuando las necesidades, suposiciones, expectativas, percepciones, exigencias o actitudes no son satisfechas dentro de la relación. Este bloqueo, sea real o percibido como real, produce gran dolor.

Si nuestros padres dicen algo para herirnos, o

creemos que fue así (aunque no lo hayan hecho), nos sentiremos emocionalmente heridos. El dolor consiguiente produce desilusión.

Después de la desilusión viene la ira, la venganza, el temor ... o una combinación de los mismos. La ira puede canalizarse hacia lo que produjo el dolor o puede volverse hacia dentro.

Si uno está de novio con alguien y descubre que él o ella han estado saliendo con otra persona, uno se siente herido y desilusionado. Quizás uno elija enfrentar directamente a su novio o novia: "¡Escucha, no me gusta lo que estás haciendo!" O uno puede elegir guardar en su interior el dolor y la ira. Uno medita en el problema, y le da vueltas al asunto. El problema lo carcome a uno por dentro. Se puede elegir la venganza. Puede ser una venganza activa: "¡Le voy a enseñar! Yo también saldré con alguien como está haciéndolo él (o ella)!" También se puede elegir formas más pasivas de venganza: El silencio, la dilación, los olvidos, o el sabotaje.

Uno puede experimentar temor, y resolver a expresar ese temor: "Temo perderte." O se puede elegir negar la existencia de temor: "¡No me molesta! ¡Estamos en un país libre! Puede salir con el que quiera." Pero por dentro uno va muriendo una muerte lenta.

Si no se enfrenta el conflicto a esta altura, se producen grados variables de frustración. La frustración crece hasta que decidimos hacer algo con ella. Nuestra elección puede variar según la situación. Es probable que elijamos uno de los tres cursos de acción siguientes:

HUIR — ATACAR — HACER CONCESIONES

El diagrama siguiente le ayudará a formarse una idea de los diversos métodos que elegimos para encarar las frustraciones o conflictos. Algunas de las salidas son socialmente más aceptables, y otras serán menos aceptables.

Compensación

Es una forma de comportamiento que la persona adopta para neutralizar o sobreponerse a una debilidad o limitación, derivando la atención hacia una característica o rasgo favorable o fuerte. La sobrecompensación se refiere al esquema de comportamiento en el que el individuo realiza un esfuerzo excesivo y gasta muchas energías en llevar a cabo aquella función para la cual es (o se siente) deficiente, debido a lo cual adjudica importancia excesiva a dicha función. La compensación transferida se refiere al comportamiento en el cual la persona dirige su esfuerzo y energía hacia una función diferente a aquella en la cual es o se siente deficiente.

Justificación

Se refiere a la justificación de la conducta, de las creencias, de los sentimientos por medio de razones diferentes que las que realmente impulsaron a la persona. La justificación intenta dar razones aparentemente plausibles que justifiquen la propia conducta. "Las uvas están verdes" es el tipo de excusa que da para persuadirse a sí mismo y a otros de que algo que deseaba intensamente, pero que resulta inalcanzable, en realidad no tiene valor. La actitud contraria se refiere a las excusas y razones que se dan para proclamar que una condición o situación insatisfactoria es en realidad deseable.

Sustitución

La sustitución significa evadir un posible fracaso, o disminuir los efectos de un fracaso real, al intentar sortear un obstáculo, mediante la elección de una meta diferente, generalmente más fácil.

La sublimación es la sustitución por una meta socialmente deseable de la meta que realmente se desea; por ejemplo, la joven que no logra atraer o retener a un buen candidato para el matrimonio, puede decidir dedicarse a la enfermería o a la docencia. Las perversiones se dan cuando el individuo reemplaza las acciones socialmente aceptadas por otras socialmente inaceptables. Sin embargo, desde el punto de vista del individuo, este comportamiento puede servir para granjearse la atención y proporcionarle un sentido de valía personal.

Identificación

Se denomina identificación a la actitud que consiste en asociarse a otras personas o grupos que han tenido éxito en alcanzar metas que a uno le resultaban difíciles o imposibles de lograr.

Proyección

Significa imaginar o percibir y llamar la atención a comportamientos, rasgos o móviles indeseables en otros, a fin de desviar la atención de los fracasos, deficiencias y defectos propios.

Egocentrismo

La persona egocéntrica procura lograr el reconocimiento que no ha logrado mediante éxitos socialmente aceptados, atrayendo la atención hacia su persona de alguna otra manera. En los estudiantes universitarios, este mecanismo puede presentarse bajo la forma de decir chistes estúpidos y sin sentido, comer discos fonográficos rotos o tragar peces dorados vivos.

Compasión

La compasión nos permite evitar los problemas logrando la conmiseración de otros. Este mecanismo

METODOS PARA ENFRENTAR CONFLICTOS

MAS ACEPTADOS SOCIALMENTE

META

IDENTIFICACION
Complacencia en la
gloria reflejada

COMPENSACION
Sobre compensación
Compensación transferida

PROYECCION
Culpar

RACIONALIZACION
Uvas verdes
Uvas verdes negativas

EGOCENTRISMO
Llamar la atención

**ACTIVIDADES
SUSTITUITIVAS**
Compensación transferida
Sublimación
Perversiones

PROBLEMA
O
CONFLICTO

CONMISERACION
Egoísmo

**ENSOÑACION
DIURNA-FANTASIAS**
Mártir
Héroe victorioso
Identificación

REGRESION
Comportamiento
infantil

DISOCIACION
Personalidad dual
Anestesia
Amnesia
Amnesia temporal
Parálisis

REPRESION
Fobias
Compulsiones
Obsesiones

NEGATIVISMO
Inactividad
Actividad opuesta
Inhibición

MENOS ACEPTADOS SOCIALMENTE

COMPORTAMIENTO TOLERADO

COMPORTAMIENTO ACEPTABLE

COMPORTAMIENTO NO APROBADO

COMPORTAMIENTO CRITICADO

permite al individuo evadir los problemas y conflictos dejándose mimar.

Regresión

La conducta regresiva se refiere a evitar los problemas u obstáculos buscando refugio en una especie de acomodación a algo inferior o más infantil. El individuo generalmente adopta la postura de una persona enferma o más joven, de la que no se espera que satisfaga las exigencias de situaciones tales como aquella en la que ahora se encuentra él. Siendo incapaz de enfrentar los problemas que lo acosan, evita hacerlo refugiándose en un nivel infantil de comportamiento y adoptando conductas infantiles tales como llorar, enfurruñarse, simular enfermedad o ataques de rabia.

Disociación

La disociación significa negarse a enfrentar o resolver un problema directamente, ya sea ignorándolo, eludiéndolo o eliminándolo de la conciencia de algún otro modo. El individuo evita enfrentar situaciones desagradables o penosas eliminándolas de su conciencia. De esta manera puede olvidar episodios peligrosos o desagradables.

Soñar despierto

Escapar a los problemas resolviéndolos en la imaginación se llama fantasía. El individuo se aleja de la realidad hacia un mundo de ensueño donde los éxitos imaginarios se logran con facilidad. El sueño placentero es generalmente del tipo del "héroe-conquistador", en el que el individuo alcanza la superioridad haciendo las cosas que más desea. El sueño desagradable es del tipo del "héroe-sufriente" o mártir, en el cual el individuo se imagina a sí mismo perseguido, maltratado, o excluido por personas que no le entienden y, por tanto, merecedor de piedad o simpatía. El que sueña despierto puede obtener gran satisfacción al imaginarse como un mártir en medio de un mundo que no lo comprende.

Este mecanismo, si se usa en forma extrema, es síntoma de una seria inadaptación. Como resultado de fantasear en forma excesiva, el individuo puede dejar de diferenciar entre los hechos y la fantasía, entre lo real y lo irreal, y entre lo práctico y lo impráctico. Retirándose de la realidad hacia un mundo de fantasía, reemplaza todos los estímulos ambientales por estímulos imaginarios. Este proceder puede concluir en la desorganización de la personalidad del individuo.

Represión

La represión es el recurso que consiste en rechazar el recuerdo de experiencias penosas o de hacer a un lado los deseos del momento para evitar los conflictos que acarrea el resolver inmediatamente un problema. El individuo, al negar ciertas tendencias o impulsos, llega a creer que no los tiene. Desterrando deseos o anhelos socialmente reprobados, se libera de la amenaza de albergar sentimientos de culpa y mantiene de esa forma un sentido de valía personal y aceptabilidad social. Las emociones reprimidas pueden también manifestarse en forma de síntomas físicos tales como dolores, parálisis funcional, temblores y ceguera funcional. Estos síntomas con frecuencia ofrecen un agradable alivio de las intolerables situaciones que pueden estar preocupando al individuo.

Negativismo

El individuo negativista intenta negar la existencia del problema u obstáculo y recurre a reacciones tales como la obstinación y la rebeldía contra la autoridad.

Este mecanismo es un recurso por el cual el individuo evita muchos esfuerzos desagradables que se requieren para lograr una adaptación social deseable; sirve de protección contra sentimientos de cobardía e incapacidad. En muchos casos el individuo negativista no sólo rehúsa hacer algo respecto a su problema, sino que hace lo contrario de aquello que sus allegados piensan que debería hacer.

Otros mecanismos:
Formación reactiva

Es un mecanismo por el cual el individuo hace exactamente lo opuesto de lo que realmente quisiera hacer. Por ejemplo, una persona que desea tomar una bebida alcohólica pero piensa que es malo beber, puede llegar a desviarse tres o cuatro cuadras en su recorrido para evitar de pasar por un bar o un comercio de bebidas alcohólicas.

Perfeccionismo

El individuo intenta eludir la acusación o la crítica haciendo todo a la perfección. Este mecanismo también le permite a dicha persona sentirse justificada al señalar las imperfecciones de los demás.

Restitución

Es un mecanismo por el cual el individuo se dedica a alguna actividad socialmente aceptada para equilibrar un mecanismo socialmente reprobado que había manifestado anteriormente. Por ejemplo, la madre que le grita a su hijo: "¡Te mataré si no te comportas bien!" es capaz de comprarle un juguete costoso la proxima vez que salga de compras.

Vuelo hacia la realidad

Es un mecanismo por el cual la persona se aísla dedicándose a su trabajo para no ser perturbada por la presión de otros problemas. Por ejemplo, el esposo que tiene problemas matrimoniales en el hogar se va a la oficina temprano y trabaja hasta tarde para no tener tiempo ni posibilidad de pelear con su esposa. De manera similar, la mujer soltera que ha pasado los treinta años podrá dedicarse a actividades caritativas para no tener tiempo libre y experimentar la desilusión de no tener con quién salir.[4]

Los métodos de enfrentar conflictos arriba mencionados, en muchos casos producen en el individuo una experiencia de depresión y/o de ansiedad. Esto con frecuencia lleva al individuo a la pérdida de la confianza en otros. Al perder la confianza, la falta de respeto hacia la persona que lo hirió se convierte en resentimiento. Luego el resentimiento se convierte en amargura o en odio. Si el proceso se repite vez tras vez en suficientes oportunidades a lo largo de la vida de la persona, él o ella termina elaborando un modo característico de resolver sus conflictos.

Estilos o modos personales

Silvia fue muy golpeada siendo niña. No tenía con quién compartir su dolor, de modo que se limitaba a guardar todo dentro de ella misma. Ignoraba, evitaba, y se alejaba de aquellos que la herían. Más aún, comenzó a huir de toda situación que tuviera algún aspecto conflictivo. Esta actitud se fue acentuando hasta no poder soportar ningún tipo de conflicto. Cuando otros discutían, ella se retiraba, aunque el problema no tuviera nada que ver con ella.

Silvia ha llegado al punto en que ya no percibe el conflicto. O al menos, no admite la existencia de conflictos. "Todo anda bien." "Somos todos amigos." Silvia ha desarrollado una rutina muy bien organizada para esconder la cabeza en la arena. El método de

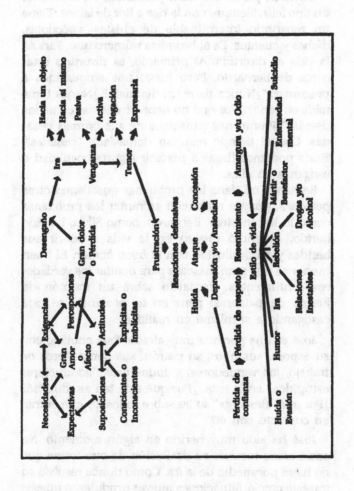

Silvia para resolver sus diversas heridas, desilusiones e iras es *huir o evitarlas.*

Bernardo parece no tener problemas en la vida. Es un tipo feliz. Siempre con la risa a flor de labios. Tiene un repertorio interminable de chistes, anécdotas, dichos y cuentos. Es el bromista número uno. Para él, la vida es divertida. Al principio, es divertido estar cerca de Bernardo. Pero luego nos empezamos a preguntar: "¿Nunca tiene un día malo? ¿Nunca toma nada en serio? ¿Por qué no tiene problemas como los demás?" Pronto nos cansamos de sus bromas pesadas. Con el tiempo resultan demasiado "pesadas". Hasta podemos llegar a percibir alguna hostilidad o venganza en ellas.

Bernardo no tiene los problemas que tienen otras personas, porque no puede enfrentar los problemas como lo hacen otros. Bernardo, como Silvia, ha sido herido. Aprendió pronto en la vida a cubrir sus heridas y en desilusión con el *buen humor.* El buen humor es una gran máscara para ocultar los verdaderos sentimientos. Bernardo sabrá un montón de juegos de palabras, pero en lo profundo se está castigando a sí mismo en realidad.

José es una persona muy airada. Está enojado con su esposa, sus hijos, su patrón, sus compañeros de trabajo, los vendedores, y todos esos "conductores estúpidos" en la ruta. ¿Por qué está tan airado José? ¿Por qué "descarga" su ira sobre todos los que entran en contacto con él?

José ha sido muy herido en algún momento. No sabía cómo resolver su desilusión de otra forma que no fuera por medio de la *ira.* Como nunca resolvió su ira, ésta creció. Situaciones nuevas produjeron nuevos estados de ira, al punto de que José es ahora una bomba de tiempo andante.

Leonor ha tenido muchos pretendientes. Varios han llegado a proponerle matrimonio. Ha estado comprometida tres veces. Pero parece no poder encontrar el muchacho ideal; cada relación que entabla parece ser más atormentada que la anterior. ¿Por qué es que Leonor no puede sentar cabeza? ¿Por qué pasa de una crisis a otra en sus relaciones?

Leonor ha sido herida en sus relaciones. La han desilusionado mucho. Su dolor es tan grande que se ha propuesto no ser herida más. Ha ideado un plan para escapar del dolor, aunque quizás no esté consciente de ello. Su plan consiste en *iniciar y luego interrumpir sus relaciones.*

Comienza una relación y avanza hasta llegar al punto en que podrían volver a herirla, como lo fue en el pasado. Entonces sabotea la relación. Hace algo, o deja de hacer algo, para provocar la discordia. Cuando su pretendiente reacciona, ella dice: "Es como yo pensaba. En realidad no me quiere." Entonces la relación comienza a deteriorarse y resquebrajarse, lo cual le confirma a ella la falta de interés de él. El ciclo se repite vez tras vez.

Es posible que Leonor llegue a casarse, pero aun en el matrimonio, es posible que haga funcionar el "ciclo de sabotajes". Jay Haley, un terapeuta familiar muy conocido, ilustra este asunto: "Cuando uno de los cónyuges se mantiene en el matrimonio a pesar de ser seriamente agredido por el otro, se genera un tipo de relación compulsiva. Si un esposo soporta más agresiones de su esposa que lo que se puede razonablemente tolerar, la esposa puede comenzar a pensar que se queda con ella sólo por obligación, y no porque realmente lo desee, y entonces el matrimonio está en peligro. A veces uno de los cónyuges pretende probar si realmente es querido procurando llevar al otro hasta el límite de la separación. Es como si dijeran: "Si mi pareja soporta cualquier cosa de mí, es porque realmente me necesita."

"Sin embargo, si el cónyuge pasa la prueba satisfactoriamente y aguanta un comportamiento insoportable, el otro no se siente reasegurado sino que se convence de que su cónyuge lo hace porque no se atreve a dejarlo. Una vez que se ha iniciado este mecanismo, tiende a autoperpetuarse. La esposa que cree que su esposo se queda a su lado por su propia desesperación interior, más que porque realmente la quiere confundirá sus muestras de cariño con meros sobornos para quedarse a su lado y no como manifestaciones de verdadero afecto. Cuando descarta el afecto de su esposo, él se esfuerza aun más por agradarla y así acrecienta su suposición de que se queda con ella por desesperación y no por propia elección. Cuando el esposo ya no puede tolerar más la situación, quizás haga un intento por dejarla. En el momento en que él demuestra que puede arreglarse sin ella, la esposa comienza a sentir que ella podría ser voluntariamente elegida y atraerlo nuevamente hacia sí. Sin embargo, la esposa que obra así volverá a probar a su esposo nuevamente valiéndose de conductas extremas. Cuando él responde generosamente, ella vuelve a sentir que él es incapaz de dejarla, y el ciclo continúa."[5]

Siempre ha sido difícil vivir con Roberto. Nunca se llevaba bien con sus padres, sus maestros, sus jefes, los policías ni con nadie que tuviese autoridad. Se le ha considerado un rebelde. Nadie logra acercársele: parece estar cerrado a todos. ¿Qué produjo esa tendencia a enclaustrarse?

Como los otros casos, Roberto ha sido herido profundamente. El que la agresión fuese real o imaginaria no tiene importancia; para Roberto fue real. El método que eligió Roberto para enfrentar su dolor fue la *rebelión*. Cuando lo herían, contraatacaba. Cuando lo hacía, los otros respondían negativamente. Las reacciones negativas ante su ira le demostraban que no se interesaban por él ... de modo que volvía a atacar. Los otros respondían negativamente otra vez. Y así sigue la historia. La rebeldía es ahora el estilo de vida de Roberto.

Carlos, como Roberto, también devuelve los golpes. Carlos, sin embargo, elige un método diferente. Ha elegido *las drogas y el alcohol*. Su método para manejar el dolor, la desilusión y la ira consiste en 'embriagarse' con dosis de píldoras y de alcohol. Cuando está en ese estado, no tiene que enfrentar sus emociones. Es la gran vía de escape.

Pero Carlos realmente no logra escaparse. Todo lo que hace es cambiar un problema por otro. En busca de liberación emocional, se deja esclavizar por un monstruo que torna peor que antes las cosas.

El estilo de vida de Marta es enteramente diferente de todos los anteriores. Ha elegido el estilo de vida del *mártir o de benefactora*. Marta también ha sido herida, pero ella es diferente, porque piensa que merece ser herida. Obtiene algún tipo de satisfacción de su dolor. Tal vez sea autoconmiseración o atención. Sea lo que fuere, esto le hace bien y más aún, llega a alentarlo.

Marta da y da, pero no sabe recibir con facilidad. Su generosidad obliga a otros para con ella. Se obtiene mucho control cuando los demás están obligados hacia uno. La verdad es que no puede cambiar su estilo de vida, porque podría perder todo ese control sobre la gente. Además, si se curara, tendría que tomar conciencia de lo adolorida y airada que está.

Mario ha elegido, como muchos otros, una forma

peculiar pero fácilmente predecible de resolver sus heridas, desilusiones, temores e iras. Ha elegido la *enfermedad mental.*

Ha probado todas sus formas. Ha probado los persistentes y morbosos temores y miedos denominados fobias. Luego pasó a desarrollar compulsiones, esos impulsos irresistibles a realizar actos contrarios a su mejor criterio. Esto le condujo a tornarse obsesionado por las ideas o conjuntos de ideas que habrían de atormentarlo constantemente. No quería pisar "ninguna grieta para no quebrarle la espalda a la madre." Tenía que lavarse las manos cincuenta veces por día y repetir determinadas palabras vez tras vez.

Comenzó a pensar que todo el mundo estaba hablando acerca de él, y que el *FBI* y la *CIA* lo perseguían. Una parálisis le atacó las piernas y le impedía caminar. Perdió la memoria. Se tornó silencioso y luego quedó inmovilizado. Finalmente se ha recluido en el mundo de los muertos en vida.

La pobre Clara no es feliz desde hace mucho tiempo. Vive encerrada en una profunda depresión desde hace varias semanas. No duerme bien, no come bien, ni se siente bien. ¡No está bien!

Está adolorida y enojada. Cree que no la quieren, que no la necesitan ni se preocupan por ella. No siente deseos de hacer nada no hace más que tener la vista clavada en el vacío. Sus pensamientos no son agradables. Se le han secado las lágrimas. Ya no le importa nada.

Piensa que sólo le queda una opción. Lentamente camina hacia el baño, llena un vaso con agua, y vuelve a la cama. Vacía el frasco de píldoras que tiene en la mesa de luz. Abre la Biblia para leer y se muere. Clara ha elegido el *suicidio.*

Estos ejemplos muestran que los seres humanos somos muy complejos cuando se trata de nuestras emociones. Cada emoción aislada se encadena con otras emociones, haciendo difícil la comprensión de lo que realmente motiva nuestro comportamiento y el comportamiento de los demás.

En el próximo capítulo prestaremos más atención al sentimiento de la ira. Veremos dónde se origina y cómo podemos empezar a comprenderla y a manejarla.

---

[1]Tim LaHaye, *How to Win Over Depression* (Grand Rapids: Zondervan, 1974). p. 88. (Cómo vencer la depresión, Editorial Vida).

[2]Ibíd., p. 89

[3]Ibíd., pp. 89-90.

[4]Louis P. Thorpe, Barney Katz, and Robert T. Lewis, *The Psychology of Abnormal Behavior* (New York: Ronald Press, 1961), pp. 122-28.

[5]Gerald D. Erickson and Terrence P. Hogan, *Family Therapy: An Introduction to Theory and Technique* (Monterey, CA: Brooks/Cole, 1972), p. 184.

7

¿Por qué me enojo?

"**E**stoy harto de esos chiquillos estúpidos que dejan sus bicicletas en la entrada del garaje!" dijo Martín frenando. Saltó del automóvil y arrojó las bicicletas en el césped. Luego entró furioso al garaje.

Todavía estaba mascullando protestas cuando llegó a la puerta de entrada de la casa. Estaba introduciendo la llave en la cerradura cuando el paquete que traía bajo el brazo se le resbaló. No lo pudo sujetar porque tenía la otra mano ocupada con la cartera. Insultó. Levantó el paquete y nuevamente trató de meter la llave en la cerradura. En ese momento su esposa Elena abrió la puerta.

—¡Hola, cariño!— dijo Elena con una sonrisa.

—¿Por qué no les dices a esos chicos que no dejen sus condenadas bicicletas en la entrada del automóvil?— fue su única respuesta, mientras la hacía a un lado y entraba a la casa. No demoraron mucho en enterarse todos de que papá había llegado a casa.

Quizás el lector esté pensando: "¡Qué hombre violento! No tiene derecho a hacerle eso a su familia. Es un verdadero egoísta." Estoy de acuerdo. *Es* violento y egoísta. No debería hacerle eso a su familia. Pero pienso que aquí hay más que lo que se ve a primera vista.

He comprobado que es muy fácil hacer juicios apresurados respecto a la gente. Es fácil condenar, acusar, proponer soluciones con ligereza. También es fácil ofrecer recetas, técnicas y observaciones oportunas sobre la forma de tratar las emociones, especialmente la ira. Es mucho más difícil poner en práctica esas fórmulas.

En este libro sugeriré métodos y técnicas para encarar la ira. Algunas se aplicarán a la situación del lector y otras no. No hay una solución única y fácil al problema de la ira. Es una emoción compleja y a menudo se combina con otras emociones tales como el temor, el dolor, la envidia, los celos, la venganza o la depresión.

No estoy excusando a Martín ni diciendo que sus acciones sean justificadas. No lo son. Martín es responsable de su comportamiento. Pero si nos limitamos a hablarle a Martín sobre las bicicletas frente al garaje, probablemente no lleguemos al fondo de su problema.

¿Quién es el responsable?

Dije al comienzo que todas nuestras emociones nos han sido dadas por Dios, aun la ira. A esto usted quizás responda diciendo: "Si todas nuestras emociones nos son dadas por Dios, entonces Dios es responsable de mi ira." La respuesta es sí y no. Sí, El le dio la capacidad para airarse. No, El no es responsable de sus explosiones de ira. Usted puede elegir lo que va a hacer con su ira.

En su libro *People-Reading*, Ernst G. Beier y Evans G. Valens hacen una interesante observación respecto a la relación entre la responsabilidad y las emociones. Dicen que la mayoría de las personas les gusta creer que los sentimientos se originan fuera de ellos mismos. Algo les ocurre, que les produce tristeza, felicidad, ira o sensualidad. A su vez, estos sentimientos las llevan a conducirse de manera no habitual.

"Es una suposición conveniente porque los libera de toda responsabilidad. La conducta que de otra manera resultaría inaceptable o sospechosa, se torna comprensible cuando ha sido producto de un estado emocional. Si se sienten suficientemente deprimidos, pueden dejar de trabajar más temprano; y si están perdidamente enamorados pueden encarar toda clase de experiencias extrañas, impunemente.

"Cuando alguien es impulsado a volcar sus sentimientos de hostilidad sobre nosotros, sufrimos y nos sentimos impotentes. Si nos quejamos, se nos responde: 'No puedo evitarlo. Así es como me siento.' Nuestro interlocutor nos está dando un doble mensaje: Quiere que sepamos que no le gustamos, pero no quiere que lo consideremos responsable por ello. Nos obliga a simpatizar con su aparente dilema consciente. ¿Qué podemos hacer si el otro es impulsado por sentimientos que no puede controlar?

"La respuesta es que hay mucho que podemos hacer. El primer paso que podemos dar es recoger información a partir de la situación inmediata. Como observadores, tenemos mucho que aprender de las manifestaciones emocionales, pero perdemos datos esenciales si nos quedamos enredados en las teorías del propio interlocutor respecto a sus sentimientos.

"Lo que necesitamos es un punto de vista nuevo. Tenemos que invertir su relación causa-efecto. En lugar de suponer que hace lo que hace a causa de sus sentimientos, imaginemos que tiene dichos sentimientos en razón de lo que ellos le permiten hacer. Esto cambia nuestra perspectiva y afecta nuestra percepción. En lugar de buscar razones externas para explicar su comportamiento, prestamos atención a las causas internas de sus sentimientos y a lo que hace y dice en nombre de dichos sentimientos.

"Tomemos el caso de un hombre que grita: '¡Me vuelves tan loco que sería capaz de estrangularte!' Su ira le da motivo para realizar un acto de violencia, para satisfacer un impulso agresivo que nunca se sentiría justificado en seguir si no fuera por la presencia de la ira. Y su ira es claramente atribuible a la otra persona. Nunca dice: 'Me pongo tan loco que sería capaz de estrangularte.' Si observamos de qué manera está sacándole beneficio a su emoción, o aun creándola, podremos aprender algo. Cuando dice: "Cuanto más lo pienso, más loco me pongo," resulta más obvio quién está generando la ira.

"Nadie puede ser gobernado por sus emociones a menos que, en algún nivel de su ser, quiera serlo. O, dicho de otro modo, cualquiera que quiera hacer algo que normalmente halla inaceptable, puede generar una emoción que, al menos para sí mismo, 'explique' y justifique el acto."[1]

Si yo le diera dinero a usted, yo sería responsable del regalo. Pero no sería responsable de la forma en que usted use el dinero. Usted podría gastarlo en fines buenos o malos. Dios nos ha dado las emociones. Podemos usarlas para ayudarnos a nosotros mismos y a otros, o podemos usarlas para herirnos a nosotros mismos y a otros.

"Si lo que usted dice es cierto, ¿entonces por qué no puedo usar mis emociones para el bien? ¿Por qué tengo tantos problemas para manejar mi ira?" Todos tenemos ese problema por una serie de razones.

La experiencia me ha mostrado que cuando las acciones o los comentarios de una persona no guardan relación con un evento particular, algo más está ocurriendo.

Tomemos la situación de Martín. Vemos las bicicletas en el camino, el paquete que se cae, y su ira hace erupción. La ira es desproporcionada en relación a lo que está sucediendo en ese momento. Algo más debe estar sucediendo.

Lo que no vemos es que Martín casi tuvo un choque con un camión en una esquina a cinco cuadras de la casa. No vemos que su compañero de trabajo invadió su zona y le quitó algunos clientes importantes. No vemos cuando su jefe le dice que si su trabajo no mejora va a perder el cargo. No vemos que Martín está muy endeudado a causa de la enfermedad de su hija. No vemos que está trabajando en dos lugares para tratar de salir a flote. Y no vemos que Martín está mortalmente aterrado ante la idea de no poder salir adelante económicamente y que siente que es un verdadero fracaso. Realmente, hay muchas cosas que no vemos en torno a las personas, ¿verdad?

La razón principal por la cual tenemos tanta dificultad con la ira es que tenemos una vieja naturaleza pecaminosa heredada de nuestro antepasado Adán. Por habernos transmitido su pecaminosidad, la manifestación saludable de la emoción de la ira ha quedado empañada y torcida.

La forma en que enfrentamos la ira se complica aun más debido a nuestro temperamento y nuestra constitución química. Trataremos el tema del temperamento básico en el capítulo nueve.

Otros factores que afectan la manera en que manejamos la ira son nuestros deseos, exigencias y expectativas. Los modelos familiares que tuvimos mientras crecíamos, afectan nuestra manera de tratar la ira. Si papá gritaba cuando estaba enojado, es posible que nosotros también gritemos cuando estemos enojados. Si mamá se tornaba silenciosa cuando estaba enojada, posiblemente nosotros copiemos su forma de manejar la ira.

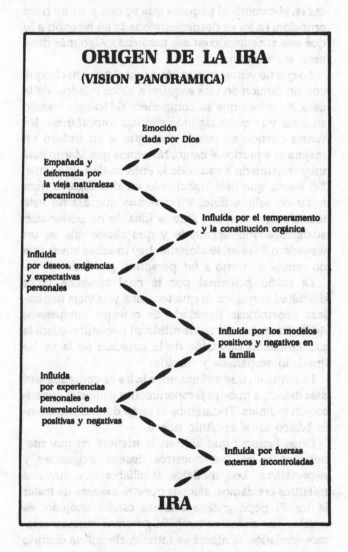

ORIGEN DE LA IRA
(VISION PANORAMICA)

Emoción
dada por Dios

Empañada y
deformada por
la vieja naturaleza
pecaminosa

Influida por el temperamento
y la constitución orgánica

Influida
por deseos, exigencias
y expectativas
personales

Influida por los modelos
positivos y negativos en
la familia

Influida
por experiencias
personales e
interrelacionadas
positivas y negativas

Influida por fuerzas
externas incontroladas

IRA

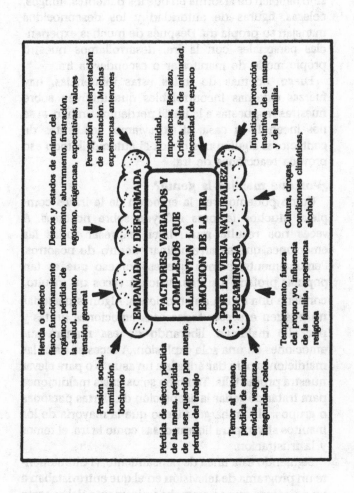

Percepción e interpretación de la situación. Muchas experiencias anteriores

Deseos y estados de ánimo del momento, aburrimiento, frustración, egoísmo, exigencias, expectativas, valores

Inutilidad, Impotencia, Rechazo, Crítica, Falta de intimidad, Necesidad de espacio

Injusticia, protección instintiva de sí mismo y de la familia.

EMPAÑADA Y DEFORMADA

FACTORES VARIADOS Y COMPLEJOS QUE ALIMENTAN LA EMOCION DE LA IRA

POR LA VIEJA NATURALEZA PECAMINOSA

Cultura, drogas, condiciones climáticas, alcohol.

Herida o defecto físico, funcionamiento orgánico, pérdida de la salud, insomnio, tensión general

Temperamento, fuerza del propio yo, influencia de la familia, experiencia religiosa

Presión social, humillación, bochorno

Pérdida de afecto, pérdida de las metas, pérdida de un ser querido por muerte, pérdida del trabajo

Temor al fracaso, pérdida de estima, envidia, venganza, inseguridad, celos.

No sólo recibimos la influencia de nuestra familia, sino también de la forma en que los parientes, amigos, colegas, figuras de autoridad y los desconocidos manejan su propia ira. Después de muchas experiencias personales con la ira, desarrollamos nuestro propio modo de manifestar o esconder la ira.

Luego, además de todas estas influencias, hay fuerzas externas incontrolables que influyen sobre nuestras respuestas a la ira. Si perdemos un hijo, si se nos incendia la casa, si extraviamos los lentes de contacto, si alguien nos choca el automóvil, todo eso provoca reacciones de ira.

¿Por qué maldice la gente?

Como podemos ver, la emoción de la ira es compleja. Muchos factores influyen sobre nosotros. A veces nos resulta muy difícil expresar todas las emociones que se arremolinan dentro de nosotros. Personalmente, pienso que es por eso que es tan popular proferir insultos. Muchas veces un insulto, contiene una legión de emociones. Algunas personas no pueden expresar todas esas emociones juntas y por ello maldicen, liberando de esa manera sus emociones en una sola explosión. A veces se usan las maldiciones para dar énfasis a un asunto o para elevar nuestra propia talla. También se usan las maldiciones para tratar de ganar la aceptación de ciertas personas o grupos. Sin embargo, pienso que la mayoría de los insultos sirven para liberar cosas como la ira, el temor y la frustración.

Siguiendo esta línea de pensamiento, vi últimamente un programa de televisión en el que entrevistaban a un psicólogo que se ocupaba únicamente del aspecto psicológico de los accidentes aéreos. Hizo un comentario interesante. Dijo que las últimas palabras de la mayoría de los pilotos que quedan grabadas antes de estrellarse son maldiciones. Los pilotos no pueden o no tienen tiempo para expresar todas sus emociones, de modo que insultan.

Esto no significa que se deba comenzar a insultar para expresar lo que se siente. Significa que cuando se maldice, quizás sea indicación de que están ocurriendo muchas otras cosas en la vida de quien así obra.

Objetos de ira

No sólo son muchos los factores que estimulan la emoción de la ira, sino que son muchos los objetos hacia los cuales o sobre los cuales descargamos nuestra ira.

He orientado a personas que estaban enojadas con Dios, ya sea por su aspecto personal, o porque habían perdido a un ser querido. Son incontables las personas que me han manifestado que se enojan con sus hijos, sus padres, sus cónyuges u otros parientes.

En muchas ocasiones estamos enojados con nosotros mismos. Decimos lo que no debemos, hacemos lo que no debemos, y fallamos. Tenemos expectativas y exigencias para nosotros mismos que nos resulta imposible satisfacer. Cuando fracasan nuestras expectativas, nos desquitamos con nosotros mismos. Nos enojamos con nuestros amigos y con los desconocidos. Nos enojamos con cosas inanimadas. Nos enojamos con las injusticias y ante peligros reales o imaginarios.

De modo que hay muchos factores que influyen sobre la ira y muchos objetos a los que se dirige la ira. Para hacer aun más confuso el cuadro, varios de esos factores pueden afectarnos simultáneamente. También podemos descargar nuestra ira sobre más de un objeto a la vez.

En el capítulo que sigue, consideraremos el punto de partida desde el cual se puede manejar la ira de

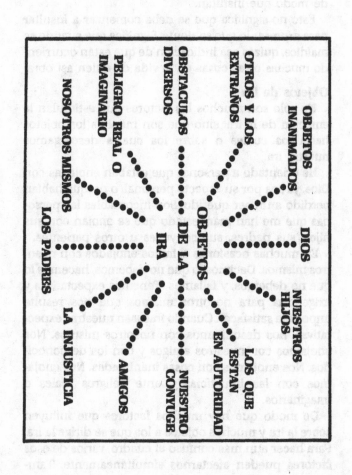

nera eficaz. Pero a modo de preparación, ocúpese contestar las siguientes preguntas.

guntas introspectivas

Mi último incidente de ira fue: _____

_____

Reaccioné ( ) gritando ( ) arrojando ( ) golpeando ( ) guardando silencio ( ) marchándome ( ) saliendo de la casa ( ) llorando ( ) hablando con otros ( ) Otros: _____

Generalmente reaccioné frente a mi sentimiento de ira de la siguiente forma: _____

Las circunstancias o factores que condujeron a mi último ataque de ira fueron: _____

_____

_____

_____

Mi reacción excesiva consistió en: _____

_____

El objeto de mi ira fue: _____

_____

Al reflexionar sobre el incidente, creo que la verdadera razón fue: _____

_____

_____

Necesito hablar con _____ por haber

_____

Debo pedir disculpas a _____ por haber

_____

En cuanto a insultar: ( ) No insulto en absoluto ( ) Sólo maldigo interiormente (para mí) ( ) Maldigo interiormente más que antes ( ) Maldigo interiormente y delante de otros ( ) Insulto más que antes en voz alta ( ) Otras personas me han hecho observaciones sobre mi hábito de maldecir.

11. Para ser realmente sincero conmigo mismo, creo que mis maldiciones constituyen un intento de expresar la emoción de _____

_____

hacia _____

12. Podría expresar mejor la emoción mencionada

_____

en lugar de tratar de hacerlo maldiciendo.

13. Quisiera tomar las siguientes medidas respecto a mi hábito de insultar: _____

_____

---

[1]Ernst G. Beir and Evans G. Valens, *People-Reading* (New York: Warner Books, 1975), pp. 68-69.

Ayuda externa contra la ira

C uando llegué, todavía se veían las centelleantes luces del patrullero policial y de la ambulancia. A pesar de que era muy tarde, se había juntado mucha gente. Bajé de mi automóvil y me dirigí hacia la casa. Cuando iba llegando al portal de entrada, dos policías salían de la casa trayendo a Ralph esposado. Cuando levantó la vista y me vio, Ralph gritó: "¡Usted tiene que ayudarme! ¡Usted tiene que ayudarme!" No tuve tiempo de contestar, porque los policías lo metieron al patrullero de un empujón y se marcharon.

Ralph había perdido la paciencia y había golpeado a su esposa y a sus hijos. Su esposa estuvo a punto de morir. Un vecino oyó los alaridos y llamó a la policía.

Ralph necesita ayuda. ¡Tiene que ocuparse de resolver su ira!

Todos necesitamos resolver el problema de nuestra ira. "Pero si yo no grito ni arrojo objetos, ni golpeo a nadie," dirá usted. Puede ser cierto, pero, ¿qué de todas las demás formas sutiles de expresar la ira?

Hemos ideado un Termómetro de la Ira para ayudarnos a tomar conciencia de algunas de las diversas formas o expresiones que adopta la ira.

Se observará que hay expresiones pasivas y expresiones activas. Las manifestaciones pasivas son generalmente sentimientos de irritación que yacen dentro de nosotros. Las manifestaciones activas generalmente envuelven objetos u otras personas y están fuera de nosotros. Somos responsables tanto de las manifestaciones activas como de las pasivas.

Quizás usted responda: "He tratado de controlar mi temperamento, pero evidentemente no puedo. Exploto a cada rato. Necesito ayuda... no logro gran cosa por mi propia cuenta."

Es posible obtener ayuda externa. Hay alguien que puede darnos sabiduría y fortaleza en la medida necesaria para tratar eficientemente con nuestras emociones de ira. Dije anteriormente que la ira es una emoción dada por Dios que ha quedado empañada y desnaturalizada por nuestra naturaleza pecaminosa. El único que nos puede ayudar a resolver adecuadamente nuestras emociones es aquél que nos dio esas emociones. Dios es el punto de partida.

Hace poco tiempo un joven volvió de la universidad a su casa, de visita. Compartió con su padre lo mucho que había aprendido al cursar la licenciatura en psicología. Su padre le preguntó qué decían los profesores de psicología respecto al complejo de culpa.

—Papá, esto es lo único que todos ellos tienen en común. Procuran ocuparse de la cuestión del complejo de culpa —dijo el joven.

—Hijo, ¿alguna vez te han explicado por qué el hombre está universalmente obsesionado con el complejo de culpa? —preguntó el padre.

—Bueno, en realidad no.

—¿Te gustaría que tu anciano padre te dijera por qué el hombre está universalmente obsesionado con

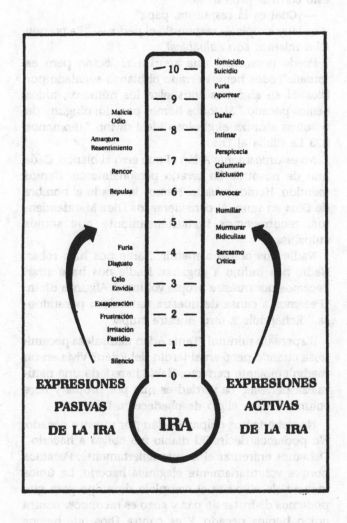

EXPRESIONES PASIVAS DE LA IRA	IRA	EXPRESIONES ACTIVAS DE LA IRA

Escala de la ira (termómetro):

- 10 — Homicidio / Suicidio
- 9 — Furia / Aporrear
- Malicia / Odio — Dañar
- 8 — Intimar
- Amargura / Resentimiento — Perspicacia
- 7 — Calumniar / Exclusión
- Rencor
- Repulsa — 6 — Provocar
- Humillar
- 5 — Murmurar / Ridiculizar
- Furia — 4 — Sarcasmo / Crítica
- Disgusto
- Celo / Envidia — 3 —
- Exasperación
- Frustración — 2 —
- Irritación / Fastidio
- 1 —
- Silencio
- 0 —

el complejo de culpa? En realidad podrías compartir esto con tus profesores.

— ¿Cuál es la respuesta, papá?

— Muy simple — respondió el padre —. ¡Es porque ellos mismos son *culpables!*

Puede provocarle una sonrisa al lector, pero es verdad. Todos hemos errado el blanco señalado por Dios. Si en algo nos consuelan los números, todos hemos pecado. "Sí, todos hemos pecado; ninguno de nosotros alcanza el glorioso ideal divino." (Romanos 3:23 La Biblia al Día.)

No es únicamente Adán el que erró al blanco. Cada uno de nosotros ha errado personalmente. Hemos mentido. Hemos robado. Hemos invocado el nombre de Dios en vano. Al considerar los Diez Mandamientos, reconocemos instantáneamente que somos culpables.

Nadie nos obligó a mentir. Nadie nos hizo robar. Nadie nos indujo a engañar. Nadie nos hace airar. Pecamos por nuestra propia voluntad. Algunos dirán: "Pecamos a causa de nuestra naturaleza pecaminosa." Echándole a otro nuestra culpa.

¡Espere un minuto! ¿Tenía Adán naturaleza pecaminosa cuando pecó en el jardín del Edén? Vivía en un medio ambiente perfecto. Había heredado una naturaleza perfecta. La verdad es que por propia y libre voluntad Adán eligió desobedecer a Dios.

No deberíamos culpar a Adán por nuestro pecado. No podemos decir: "El diablo me obligó a hacerlo." Debemos enfrentar el asunto abiertamente. Pecamos porque voluntariamente elegimos hacerlo. La única manera de eliminar el complejo de culpa para que podamos disfrutar de paz y gozo es reconocer contra quién hemos pecado. Y es contra Dios que hemos pecado.

Amor a pesar de

A pesar de que lo hemos ofendido con nuestras vidas pecaminosas, Dios aún nos ama. ¿No es tremendo eso? Más aun, Dios nos ama de tal manera que envió a su Hijo a vivir en este planeta y a identificarse con la humanidad. Dios mismo tomó la forma física de un ser humano. Vino con un solo propósito. Dijo: "Yo he venido para que tengan vida (vida espiritual), y para que la tengan en abundancia" (Juan 10:10).

La gente es extraña
No puedo entenderla.
Yo tenía una novia
Que parecía quererme.
Le dí todo lo que tenía, le dí mi corazón,
Pero ella me lo destrozó.
No puedo perdonarla
Dios tenía un mundo
Que debía haberlo amado.
Le dio belleza, luz y vida.
Le dio todo lo que El tenía, le dio su Hijo,
Y el mundo lo crucificó

La gente es extraña
No puedo entenderla.
Pero Dios...
los siguió amando.

Earl Marlatt

Carne envenenada

Para que podamos disfrutar de paz y gozo diariamente en nuestra vida, debemos experimentar primero la paz con Dios. Esto es posible si invitamos personalmente a Cristo a morar en nuestra vida. Se trata de un acto de fe.

Mucha gente piensa que "fe" no es más que una palabra religiosa, pero esto no es correcto. Toda nuestra vida la vivimos por fe. Tenemos fe de que el carnicero no nos venderá carne envenenada. Tenemos fe de que la persona que conduce el vehículo en sentido contrario se mantendrá en su carril. Tenemos fe de que el farmacéutico nos dará las píldoras correspondientes a nuestra receta. Tenemos fe de que al abrir el grifo, saldrá agua. La vida en este planeta se vive por fe. En muchos casos se trata de una fe ciega.

Mantequilla amarilla

Algunos dicen: "Nunca creeré en Cristo porque no logro entender todo respecto a Dios."

No es necesario saber todo acerca de Dios para poder tener una experiencia personal con Cristo. ¿Acaso entendemos perfectamente cómo es que una vaca blanca y negra que come hierba verde puede transformarla en leche blanca y mantequilla amarilla? Sin embargo, podemos disfrutar del producto final aunque no comprendamos el proceso.

He conversado con muchos hombres y mujeres que han tenido un encuentro intelectual con Cristo. Conocen verdades acerca de El. Algunos hasta llegan a emocionarse un poco acerca de las enseñanzas de Jesús. Sin embargo, nunca han recibido personalmente a Cristo en un momento determinado.

¿Está usted casado?

Le he preguntado a muchas personas: "¿Conoce a Cristo como su Salvador personal?" Algunos contestan diciendo: "Espero que sí," o "Creo que sí," o "Estoy tratando."

Cuando me contestan con un dejo de duda, simplemente les pregunto: "Pregúntenme si estoy casado."

Esto generalmente toma desprevenida a la persona. El o ella dice: "¿Cómo?" "Pregúnteme si estoy casado".

Y les contesto: "Espero que sí," o "Creo que sí," o "Estoy tratando."

No, mi amigo, cuando estamos casados, ¡*lo sabemos!* Cuando recibimos a Cristo, no queda ninguna duda. ¡Lo sabemos!

¿Ha recibido usted a Cristo por fe? ¿Sabe que sus pecados han sido perdonados? ¿Recuerda el momento en que tomó la decisión?

Si no, es probable que usted no conozca a Cristo. Pero usted no es el único que está en esa situación. Viajando de una iglesia a otra, me encuentro con muchas personas que tienen un conocimiento intelectual de Cristo, y no un conocimiento personal de El.

¿Estará usted en esa misma situación? Si es así, ¿por qué no toma ahora esa decisión? No necesita inclinar la cabeza. Es una decisión que se puede hacer con los ojos bien abiertos.

En Romanos 10:9, 10 leemos: "Y si declaras con tus propios labios que Jesucristo es tu Señor, y crees de corazón que Dios lo levantó de los muertos, te salvarás. Porque cuando un individuo cree de corazón, Dios lo da por justo; y cuando confiesa ante los demás que tiene fe, asegura la salvación" (La Biblia al Día).

¿Está dispuesto a decirle a otros que Jesús es su Señor? ¿Cree que Dios levantó a Jesús de entre los muertos? Si lo cree, entonces usted es salvo, según la Palabra de Dios.

Piel de gallina intensa

Quizá usted piense: "Pero no siento la menor diferencia." En este momento no cuentan las sensaciones. Lo importante es el acto de su voluntad, realizado por fe. Los sentimientos vendrán luego. El siguiente esquema ayudará a ilustrar esta verdad:

1. ESCUCHAR — HECHOS — MENTE

2. CREER }

⎱ FE — EMOCIONES

3. RECIBIR

4. HACER — SENTIMIENTOS — VOLUNTAD.

Muchas personas han llegado a las etapas 1 y 2 pero no a la 3 y la 4. Hay dos partes en la verdadera fe. Yo podría mostrarle un billete de quinientos dólares y decirle que se lo voy a dar (1). Hasta puede creer que es verdadero (2) y no obstante no tenerlo. Sólo cuando se une el acto de creer y la fe y se recibe el billete, llega a ser suyo (3). Luego vienen los sentimientos (4).

Hay personas que me han dicho: "Si sólo pudiera sentir lo que usted siente respecto a Dios, creería." Esto es como poner el carro delante del caballo. Es como decir: "Si pudiera sentir como que realmente poseo quinientos dólares, entonces lo creería." Pero no, primero viene el doble paso de la fe.

Muchas personas viven atormentadas por dudas acerca de su decisión de seguir a Cristo. No han sentido plena seguridad de estar salvados. Esto ocurre generalmente porque otros les han dicho que deberían tener alguna gran experiencia emocional. A la mayoría de las personas esto no les ocurre. Cuando leen o escuchan relatos de otras personas que han tenido "piel de gallina espiritual", en forma intensa sienten que han sido excluidos de algo. Se preguntan si serán cristianos de segunda categoría.

Satanás engaña a muchas personas hoy en día con este tipo de pensamiento. No existe la "espiritualidad instantánea". No hay ningún "don especial" que nos ubique en un plano espiritual más elevado. Dios nos ha ubicado en Cristo como coherederos mediante un acto de fe sencilla, semejante a la de un niño. No hay nada más sencillo, y el hombre no puede modificar este hecho.

Lo que Dios dice

Escuche lo que Dios mismo dice sobre la seguridad que se obtiene en Cristo Jesús, y luego reclame estas promesas para sí mismo:

"El Señor dijo: 'No te desampararé ni te dejaré'" (Hebreos 13:5, La Biblia al Día.)

"¿Y qué es lo que ha dicho? Que nos ha dado vida eterna, y que esta vida está en su Hijo. Así que el que tiene al Hijo de Dios tiene la vida; el que no tiene al Hijo, no tiene la vida. A ustedes que creen en el Hijo de Dios les ha escrito sobre estas cosas, para que sepan que tienen la vida eterna" (1 Juan 5:11-13, La Biblia al Día).

Jesús mismo declaró: "Mis ovejas me reconocen la voz; yo las conozco y ellas me siguen. Yo les doy vida eterna y jamás perecerán. Nadie podrá arrebatármelas, porque mi Padre me las dio, y El es más poderoso que cualquiera, por lo tanto, nadie me las podrá quitar. Mi Padre y yo somos uno" (Juan 10:27-30, La Biblia al Día).

Defina hoy mismo, por fe, el asunto de su salvación. Invite a Cristo a entrar en su vida y selle su decisión pidiendo seguridad a Dios. Luego decida, con la ayuda de Dios, no volver a su vieja manera de vivir, a su vieja manera de pensar, ni a su vieja manera de reaccionar con ira.

Encontrará una representación gráfica de estas importantes verdades al final de este libro, a partir de la página

El primer caso para enfrentar eficazmente la ira es tener una relación personal con Cristo. El nos ayudará a aprender cómo controlar y manejar esta emoción tan importante.

Se lleva a cabo una guerra

Le ruego no me entienda mal lo que quiero decir. El sólo hecho de que una persona reciba a Cristo no garantiza que él o ella ya no volverá a tener problemas con la ira. Como cristianos, no somos inmunes a los problemas; en realidad, quizás tengamos mayores problemas. Antes de ser creyente podía pecar y obtener placer. Podía regañar a la gente, vociferar y enfurecerme, y ponerme realmente violento. Ahora que soy creyente, el Espíritu de Dios me convence mediante la Palabra de Dios y la conciencia, de que esas acciones no son conductas santas. Hay una lucha dentro de mi ser.

Jerry comenzó a sollozar en mi oficina. Era un hombre grande, pero parecía una criatura. "Le dije a mi esposa que si no le gustaba, podía irse y no volver más. Se lo había dicho muchas otras veces cuando discutíamos. La semana pasada se lo volví a decir y ella me contestó: '¡Está bien, señor! ¡Como tú quieras!' Sé que no debí haberlo dicho. Sé que hice mal. Soy un creyente, pero por cierto no vivo como tal últimamente. He estado viviendo como el diablo." Lucille, la esposa de Jerry, se había cansado. Se había ido llevándose a los niños. Jerry tenía su lucha interior.

El apóstol Pablo describe esta lucha cuando dice:

"Porque lo que hago, no lo entiendo; pues no hago lo que quiero, sino lo que aborrezco, eso hago.

"Y si lo que no quiero, esto hago, apruebo que la ley es buena.

"De manera que ya no soy yo quien hace aquello, sino el pecado que mora en mí.

"Y yo sé que en mí, esto es, en mi carne, no mora el bien; porque el querer el bien está en mí, pero no el hacerlo.

"Porque no hago el bien que quiero, sino el mal que no quiero, eso hago.

"Y si hago lo que no quiero, ya no lo hago yo, sino el pecado que mora en mí.

"Así que, queriendo yo hacer el bien, hallo esta ley: que el mal está en mí.

"Porque según el hombre interior, me deleito en la ley de Dios; pero veo otra ley en mis miembros, que se rebela contra la ley de mi mente, y que me lleva cautivo a la ley del pecado que está en mis miembros.

"¡Miserable de mí! ¿quién me librará de este cuerpo de muerte?

"Gracias doy a Dios, por Jesucristo Señor nuestro. Así que, yo mismo con la mente sirvo a la ley de Dios, mas con la carne a la ley del pecado (Romanos 7:15-25).

"Digo, pues: Andad en el Espíritu, y no satisfagáis los deseos de la carne.

"Porque el deseo de la carne es contra el Espíritu, y el del Espíritu es contra la carne; y éstos se oponen entre sí, para que no hagáis lo que quisiereis" (Gálatas 5:16, 17).

Hay una lucha constante y encarnizada en nuestras vidas. Es la lucha por la voluntad; la voluntad de hacer lo bueno. Cuando una persona recibe a Cristo, él o ella recibe un nuevo poder para hacer el bien, un nuevo recurso para enfrentar la emoción de la ira.

En los capítulos siguientes consideraremos muchas maneras diferentes de enfrentar la ira. Estas técnicas y sugerencias sólo serán efectivas, sin embargo, si dejamos que Cristo nos controle y guíe por medio de ellas. Antes de que examinemos dichas técnicas, será provechoso que consideremos otra gran influencia que se ejerce sobre la emoción de la ira . . . nuestro temperamento natural.

9

La ira y el temperamento

"Simplemente no me entiendo", dijo Judy mientras las lágrimas rodaban por sus mejillas. "Clyde me dijo que ya ha tenido suficiente. Que se ha cansado. Dijo que no soportaba más mi perfeccionismo. ¿Qué puedo hacer si a mí me gusta tener la casa limpia y él es un desordenado? Yo siempre he sido esmerada y organizada. A nadie en la casa parece importarle."

¿Cómo llegó Judy a ser tan prolija y Clyde a ser tan desorganizado? ¿Solamente por la forma en que fueron criados? ¿Puede haber sido sólo por la diferencia del medio ambiente en que se criaron?

Se han elaborado numerosas teorías con la intención de explicar la conducta humana. Antiguamente se atribuía a los rasgos heredados la causa del comportamiento humano. Freud y sus seguidores culparon al ambiente y a las experiencias de la infancia. En realidad, ambos aspectos contribuyen a determinar nuestra conducta, pero lo que más influye es el temperamento que heredamos.

A través de los genes, en la concepción, el hombre hereda de sus padres y abuelos toda su naturaleza, incluyendo el color del cabello, de los ojos, la estructura del cuerpo, los talentos, y por supuesto, el temperamento. Ese temperamento es el factor que más poderosamente influye sobre su comportamiento, ya que es la causa de sus acciones y reacciones espontáneas.

De vez en cuando, alguna de las víctimas del lavado cerebral que pretende imponer la psicología moderna trata de acentuar la importancia de la "conducta aprendida". Pero para mí se trata de una opinión bastante desconcertante. Consideremos, por ejemplo, el caso de cuatro niños que se han criado en el mismo medio familiar y expuestos a los mismos principios educativos. ¿Se comportarán todos de la misma manera? No; serán tan diferentes como el día y la noche.

Las diferencias en los ingredientes hereditarios tienen que ser la causa. Uno será prolijo y ordenado, el otro será desordenado. Uno viste ropa deportiva y de uso casero, y el otro viste formalmente, y usa conjuntos combinados. Estas y una multitud de otras diferencias aparecerán en su comportamiento.

Los cuatro temperamentos básicos

El temperamento que heredamos en base a los rasgos congénitos es luego modificado por la crianza en la niñez, la educación, las experiencias de la vida, el medio ambiente y los intereses humanos y espirituales.

La mejor teoría sobre los temperamentos fue propuesta por Hipócrates hace 2.400 años. Adelantó la teoría de que las personas se agrupan en cuatro categorías básicas: el vendedor sanguíneo super extrovertido, el líder fuerte, colérico y extrovertido, el perfeccionista melancólico e introvertido y el flemático pasivo y super introvertido. Aunque se han sugerido algunas variantes, esta teoría circula actualmente en una versión muy similar a la original. Quizás el

agregado más importante sea la afirmación de que
nadie se encuadra perfectamente en una de las
categorías de Hipócrates, sino que cada persona
tiende a presentar una mezcla de dos o más de dichos
temperamentos. Parecería ser un corolario razonable,
ya que presentan características físicas tanto del
padre como de la madre.

La mayoría de las personas tiende a pertenecer
predominantemente a uno de los temperamento, con
leves rasgos de algún otro. No es raro que una persona
sea sanguínea en un 80% y flemática en un 20%; o
colérica en un 70% y melancólica en un 30%. Son
innumerables las variaciones y porcentajes a que
pueden dar lugar los rasgos temperamentales; un
hombre que analicé personalmente, tenía aproximadamente un 60% de sanguíneo, un 20% de melancólico y un 20% de flemático.

El temperamento y los temperamentos transformados

El análisis del temperamento humano es uno de los
temas más fascinadores que jamás he estudiado.
Aunque resulta tentador embarcarse en una amplia
consideración del tema, aquí debo tratar la cuestión
del temperamento sólo en lo que atañe al problema
de la ira. Si desea información complementaria, le
sugiero los siguientes libros: *Spirit-Controlled Tempe-*
rament, Transformed Temperaments, Understanding
the Male Temperament (El Varón y su temperamento,
Ed. Betania), y *How to Develop Your Child's Tem-*
perament.[1]

El sanguíneo y la ira

El temperamento sanguíneo produce una persona
cálida, amistosa y que vive confiando en la buena
fortuna sociable, que atrae a las personas hacia sí

como un imán. Es un buen conversador, un optimista, es "el alma de las fiestas". Aunque es generoso y compasivo, atento a lo que lo rodea y al ánimo y los sentimientos de los demás, también tiene algunas debilidades, como los demás temperamentos. A menudo pone de manifiesto una voluntad débil, y es emocionalmente inestable y explosivo, inquieto y egocéntrico. Aunque se le pronostica "éxito seguro" durante la juventud, rara vez satisface esas expectativas. Tiene mucha dificultad para ocuparse de detalles y casi nunca está callado. Debajo de su apariencia agresiva, a menudo es inseguro y temeroso. Los sanguíneos resultan buenos vendedores, oradores, actores y a veces líderes.

El sanguíneo rara vez se deprime mientras esté con otros. Es una persona tan orientada hacia la interrelación, que la vista de otro individuo generalmente le levanta el ánimo y la sonrisa asoma a su rostro. Los períodos de depresión que puede llegar a sufrir ocurren casi invariablemente cuando está solo.

Hay muchos sanguíneos indisciplinados que experimentan ira. Su falta de disciplina y escasa voluntad los ha tornado generalmente bastante improductivos, para su propia mortificación y desilusión. También son propensos a la obesidad por su incapacidad de rehusar postres y otras golosinas que engordan. Esto hiere su amor propio y aumenta su tendencia a las manifestaciones de ira. Aunque se avienen a responder de manera agradable a las demás personas, su tendencia a la ira irá en aumento. Un autor los comparó con Peter Pan . . . no quisieran hacerse grandes nunca. Si bien son queridos por los demás y tienen una personalidad atractiva, no son confiables y carecen de verdadera sustancia.

Los sanguíneos tienen una fuerte tendencia a ser desorganizados e improductivos. El lector probablemente haya escuchado la historia acerca del hombre de negocios sanguíneo que entró de prisa al aeropuerto, pasó directamente a la oficina de pasajes y dijo: "¡Rápido, déme un pasaje!" A lo cual el empleado respondió: "¿Un pasaje adónde, señor?" "A cualquier parte", respondió, "tengo negocios en todas partes."

Sus expresiones de ira son del tipo "llamarada". Pueden llegar a explotar más rápidamente que los de cualquier otro temperamento. Una característica de la ira del sanguíneo, sin embargo, es que una vez que ha explotado, olvida todo el asunto . . . *usted* no lo olvida, pero *él* sí. Rara vez tiene úlceras . . . pero se las produce a los demás.

Cuando estos encantadores sanguíneos, que a menudo actúan como niños que han crecido demasiado, toman conciencia de su propia superficialidad, aumenta su sentido de inseguridad. Se tornan defensivos, sensibles a los desaires y a las críticas, casi obsesivos acerca de las opiniones que los demás tienen de ellos. No es raro que se muestren airados a esta altura. Quizás lleguen a culpar a sus padres por haber sido tolerantes con ellos durante su infancia, al punto de que no llegaron a desarrollar la autodisciplina; pero les resulta muy difícil culparse a sí mismos, confesar su pecado y buscar la plenitud del Espíritu Santo para encontrar la fortaleza de carácter que tan desesperadamente necesitan.

Si no aprenden a enfrentar su problema de manera realista y a andar en el Espíritu, irán de un extremo a otro entre la ira y la felicidad por un tiempo, hasta que, adoptando alguna actitud infantil, hará las adaptaciones mentales necesarias para transitar la vida estancadas en un modo alegre y juguetón de obrar, muy por debajo del nivel de su potencialidad.

Los sanguíneos llenos del Espíritu son diferentes. El Espíritu Santo los redarguye mostrándoles que sus reacciones mentales airadas son pecaminosas, y les orienta hacia aquellas áreas de productividad en las que les resulta más fácil aceptarse y apreciarse a sí mismos. Cuando el sanguíneo está lleno del Espíritu, como el apóstol Pedro en el Libro de los Hechos, él o ella se transforma en una persona productiva y eficiente que ya no está dominada por la ira.

El colérico y la ira

El temperamento colérico produce un activista práctico. Tiene una voluntad fuerte, es un líder natural y es muy optimista. Su mente está llena de ideas, proyectos u objetivos, y generalmente los concreta. Lo mismo que el sanguíneo, es extrovertido, aunque mucho menos intensamente. Aunque es muy productivo en la vida, manifiesta serias debilidades naturales. Es autosuficiente, impetuoso, se enoja con facilidad y tiende a ser duro y cruel. Más todavía, nadie puede llegar a ser tan cortante y sarcástico como el colérico. Puede resultar bueno como supervisor, general, constructor, cruzado, político u organizador, pero generalmente no es capaz de hacer trabajos de detalle que requieran precisión.

El colérico rara vez se deprime, básicamente porque su mente activa, centrada en los objetivos que se propone, lo mantiene tan motivado que planea catorce proyectos diferentes en forma simultánea. Si algu-

no de ellos le resulta desconcertante o frustrante, la desilusión le dura poco y rápidamente sale en busca de un nuevo desafío. Los coléricos están contentos mientras están ocupados y, por lo tanto tienen poco tiempo para estar deprimidos. La principal frustración de su vida es que no les alcanzan las horas del día para acometer la interminable serie de metas y objetivos que se proponen.

Los coléricos manifiestan una voluntad muy fuerte y son individuos muy resueltos. El lector recordará la historia del sanguíneo casado con una mujer colérica. Un día ella le dijo a su esposo:

— Enrique, quiero comprar unas tijeras.

— No podemos — respondió Enrique.

La conversación siguió de esta manera:

— Pero las quiero.

— ¡Dije que *no!*

— Pero las necesito.

— La respuesta es no.

— ¡Enrique, *necesito* esas tijeras.

— Mujer, si dices una palabra más sobre esas tijeras, te llevaré afuera y te arrojaré en el pozo — respondió Enrique.

— Tijeras — dijo la esposa colérica.

Entonces Enrique se levantó de un salto, la tomó y la llevó afuera hacia el pozo.

— Mujer, si prometes no decir una sola palabra más sobre las tijeras, no te tiraré al pozo.

— ¡TIJERAS! — contestó ella.

— ¡Muy bien, te lo has buscado!

Tras lo cual Enrique ató a su esposa con una soga y la introdujo en el pozo. Cuando estaba a la mitad del pozo, le dijo:

— Si prometes no decir nada sobre las tijeras, te sacaré.

—¡TIJERAS! —fue el eco que ascendió por el pozo—.

—¡Ya es demasiado! — dijo Enrique.

Soltó la soga, y la cabeza de su esposa desapareció bajo el agua. Al inclinarse para observar, lo único que pudo ver fue la mano de su colérica esposa asomando del agua. Dos de sus dedos se movían imitando el movimiento de las tijeras. Los coléricos tienen una voluntad muy fuerte y son muy tenaces.

El rechazo, los insultos que a menudo empujan a otros temperamentos hacia estados depresivos nunca perturban al colérico. Tiene una coraza tan gruesa, es tan autosuficiente e independiente por naturaleza, que rara vez siente necesidad de otros. En lugar de sentir lástima de sí mismo cuando se encuentra solo, dedica el tiempo a iniciar nuevos planes.

En el aspecto emocional es el temperamento más inmaduro. Por esa razón generalmente experimenta muy leves cambios de estados de ánimo. Aunque se enoja con facilidad, raza vez se sumerge en la auto-conmiseración. En lugar de ello, vuelca todo sobre los demás. Como es tan insensible a la opinión de otros sobre su persona, no es vulnerable a la depresión que otros le pudieran producir. Si alguna vez tiene que luchar contra la depresión, será como resultado de la frustración o de la derrota.

A menos que logre la victoria sobre la ira en los primeros años, el colérico se convierte en un anciano muy hostil y agrio. Es rencoroso por naturaleza y, en consecuencia, generalmente tiene úlceras alrededor de los cuarenta años de edad. Es el único tempera-mento que provoca úlceras en otros y en la persona con dicho temperamento.

Como creyente, el colérico debe aprender a descan-sar en el Señor y a entregar su vida a El. Su voluntad indomable y su espíritu autosuficiente, a menudo lo convierten en un cristiano inútil e improductivo, porque insiste en hacer las cosas de manera carnal en lugar de hacerlo por el Espíritu. Si logra promover actividades cristianas con éxito, su orgullo lo torna espiritualmente miope y no alcanza a discernir sus móviles carnales.

La paz del Espíritu Santo, que sobrepasa todo entendimiento, modelará su modo de razonar, llevándole a concentrarse en el Señor primero y luego en la tarea. Debe aprender que la obra de Dios no depende de él; más bien, él tiene que depender de Dios. Luego debe reconocer que no basta llevar a cabo la obra de Dios; debe hacerlo en el poder del Espíritu. Como dice la Biblia: "No con Ejército, ni con fuerza, sino con mi Espíritu, ha dicho Jehová de los ejércitos" (Zacarías 4:6). El apóstol Pablo, quien quizás sea el mejor ejemplo de un colérico lleno del Espíritu, aprendió bien esto, ya que dijo: "Porque cuando soy débil, entonces soy fuerte" (2 Corintios 12:10).

El cristiano colérico carnal puede mostrarse airado hasta que advierte este principio, porque se frustra por la falta de resultados espirituales de sus intensos esfuerzos carnales. En lugar de culparse a sí mismo por su espíritu carnal y autodeterminado, puede llegar a sumergirse en la autoconmiseración y a retirarse de las actividades de la iglesia.

El espíritu colérico carnal resulta fácilmente reconocible por otros en la congregación, y por ello los individuos con esas características son a menudo dejados de lado cuando se eligen oficiales para la iglesia. "No entiendo," dicen, "¿acaso mi esforzado trabajo no es prueba suficiente de mi devoción a Cristo?" Feliz el colérico que aprende a decir, con Santiago: "Si el Señor quiere, viviremos y haremos esto o aquello" (Santiago 4:15). Si busca las prioridades de la voluntad de Dios para su vida mediante la guía del

Espíritu Santo, no sólo será más productivo, sino también más sosegado. Pues una vez que comprenda que el andar en el Espíritu es el secreto de la productividad espiritual, será más consecuente en su vida cristiana.

La capacidad del Espíritu Santo para transformar la tendencia colérica hacia la ira, se ilustra de modo notable en la vida del apóstol Pablo. Si hubo alguna vez un hombre que pudiera ilustrar el temperamento colérico, ese hombre fue Saulo de Tarso antes de hacerse cristiano, bajo el nuevo nombre de Pablo. Después de su conversión, su voluntad colérica e indomable, dirigida por el Espíritu Santo, se lanzó resueltamente a dar cumplimiento a los acontecimientos que se relatan en el Libro de los Hechos.

La reacción de Pablo ante su prisión ofrece una ilustración clásica de cómo pueden ser superadas las circunstancias cuando el Espíritu Santo inunda la naturaleza espiritual del hombre. Encerrado en la fría y húmeda cárcel de Mamertina en Roma para predicar el evangelio, no mostró un sólo síntoma de autoconmiseración. En lugar de ello, este dinámico cristiano aprovechó esa circunstancia para compartir personalmente su fe con cada nuevo soldado romano que se le asignaba como guardia. Tantos de ellos se convirtieron, que al escribir y referirse a la iglesia de Roma, dijo: "Todos los santos os saludan, y especialmente los de la casa de César" (Filipenses 4:22). Además, desde la cárcel escribió las cartas llamadas de la prisión, incluyendo la epístola del gozo, como se le llama a la Epístola a los Filipenses, en la que afirmó: "Pues he aprendido a contentarme, cualquiera sëa mi situación" (Filipenses 4:11). Hasta los coléricos que son llenos del Espíritu, pueden obtener victoria sobre las explosiones de ira.

El melancólico y la ira

El temperamento más rico es el melancólico. Es rico no sólo en dones y sensibilidad estética, sino que tiene la amplitud necesaria para experimentar toda la serie de fluctuaciones de estados de ánimo. También es rico en debilidades emocionales, particularmente en lo referente a la tendencia a la ira y a la depresión. Algunos de los más grandes genios de la humanidad han sido melancólicos que despilfarraron su talento en las ciénagas de la melancolía, tornándose apáticos e improductivos. Esto resulta tan evidente que los antiguos frecuentemente usaban indistintamente los términos *melancolía* y *depresión*.

El melancólico es a menudo el más talentoso de

todos los temperamentos. Es perfeccionista por naturaleza, muy sensible e inclinado hacia las bellas artes, analítico y abnegado. Por regla general, no es muy sociable por naturaleza y rara vez se promueve a sí mismo, pero puede llegar a ser un amigo muy leal. Sin embargo, tiende a taciturno, criticón, pesimista y egocéntrico. Los grandes artistas, compositores, filósofos, inventores y pensadores del mundo han sido generalmente melancólicos.

Aunque todos somos vulnerables a nuestros propios esquemas mentales, nadie se deja arrastrar por ellos tanto como el melancólico. Entre sus diversos talentos creativos alberga una gran habilidad para crear imágenes mentales, probablemente en vivos colores y con sonido estereofónico. Dado que los melancólicos son taciturnos por naturaleza, quizás consideren que sus estados de ánimo son espontáneos, pero se ha comprobado que tienen relación directa con los esquemas mentales de la persona. Si el melancólico está alerta a sus modos de razonar, rehúsa a sucumbir a los pecados mentales de la ira, del resentimiento, de la autopersecución y la compasión de sí mismo; no se dejará dominar por su predisposición a la depresión.

Cierto día cenaba con varios amigos en un restaurante. De pronto apareció en el extremo de nuestra mesa un hombre joven de temperamento evidentemente melancólico, y de apariencia desvaída y dijo: "Perdónenme, pero quisiera preguntar a los señores si se reían de mí." Naturalmente, nos quedamos mudos de sorpresa. Finalmente yo dije: "Joven, creo que no le hemos visto nunca antes." Con ello se excusó y se alejó. Reflexionando sobre el incidente, llegamos a la conclusión de que durante la conversación y en medio de nuestras risas, debemos haber mirado hacia donde se encontraba, lo cual le llevó a pensar que nos reíamos a expensas de él. Igualmente sustanciales son muchos de los acontecimientos que producen depresión en el melancólico típico.

Melancólicos perfeccionistas

Los melancólicos se deprimen con facilidad porque son perfeccionistas. A la mayoría de las personas le vendría bien ser un poco más perfeccionista, pero el verdadero perfeccionista se amarga a causa de esa tendencia. En primer lugar, se mide a sí mismo con sus propias y arbitrarias normas de perfección y se desalienta cuando no alcanza a cumplirlas. Rara vez se le ocurre que el nivel que se ha fijado es tan elevado, que ni él ni nadie podría vivir de acuerdo con él. En lugar de ello insiste en que su criterio de perfección es "realista".

Además de ser perfeccionista es muy escrupuloso y se precia de ser "confiable" y "exacto". Naturalmente que todos sus amigos están por debajo de ese nivel, de modo que no es raro que se enfade consigo mismo y sus colegas. Es muy rígido e inflexible y le resulta difícil tolerar la más mínima desviación de lo que él considera la medida de la excelencia.

Estos melancólicos, proclives al perfeccionismo, aman profundamente a sus hijos, aunque al mismo tiempo se enfaden con ellos. Los niños son notoriamente desorganizados e impredecibles; siguen su propio programa e insisten en comportarse como niños. Al padre melancólico y rígido le resulta difícil amoldarse a ese actuar imprevisible y, en consecuencia, puede llegar a montar en cólera. A veces la madre melancólica se puede tornar ambivalente; por un lado ama intensamente a sus hijos y por otro está llena de ira y amargura hacia ellos. El niño despreocupado e irresponsable, que insiste en atravesar el piso limpio de la cocina con las botas llenas de barro, puede ser motivo de irritación para cualquier madre, pero especialmente para la melancólica. Antes de casarse, probablemente no podía irse a dormir sin haber acomodado correctamente sus zapatos y haber dejado el baño en perfecto orden. Los niños automáticamente modifican todo eso, pero a los perfeccionistas les resulta difícil adaptarse al cambio; en consecuencia, su salida es la depresión. Se muestran enfadados ante la falta de perfección en otros y se hunden en la autoconmiseración porque consideran que ellos son los únicos que se esfuerzan por lograr metas elevadas. Tales esquemas de razonamiento invariablemente producen ira.

Para ser justos con las personas melancólicas, debemos decir que son tan críticas de sí mismas como lo son de otros. En consecuencia, tienden a desarrollar una imagen inadecuada de sí mismas. Desde la temprana infancia elaboran una imagen despreciativa de sí mismas en su imaginación. A medida que crecen, tienden a rechazarse aun más, a diferencia de las personas de otros temperamentos, que aprenden a aceptarse a sí mismas. Si se les permite manifestar sus críticas durante la niñez, es probable que continúen haciéndolo en la edad adulta. Cada vez que emprenden una crítica verbal, no hacen sino fijar ese espíritu de crítica más profundamente en su mente, y las personas que tienen el hábito de criticar nunca son felices.

Una vez tuve la oportunidad de ver este principio en acción. Mientras pasaba por el control de seguridad antes de subir a un avión, el oficial de seguridad estaba criticando a los que viajaban por esa línea aérea, diciendo que eran "desaliñados, desconsiderados, desorganizados y desagradecidos". Aguanté todo lo que pude, pero, finalmente, mirándolo con una amplia sonrisa, (he descubierto que uno puede decir casi cualquier cosa con tal que sonría), le comenté: "¡Usted no debe ser un hombre muy feliz!"

Me miró algo desconcertado y respondió: "¿Por qué lo dice?"

"Porque es muy crítico. No conozco a nadie que sea feliz y a la vez criticón."

Después de revisar mi equipaje, me dijo: "Gracias, señor, necesitaba que me dijeran eso." Ante mi sorpresa, se dirigió al próximo pasajero y le dijo: "¡Hola!, ¿cómo está usted? Estamos contentos de que viaje con nosotros."

No sé durante cuánto tiempo ese funcionario se beneficiará de aquella experiencia, pero estoy seguro de que es capaz de hacerse a sí mismo feliz o desdichado en proporción directa a la manera en que piensa acerca de los demás y les habla.

Tendencia al renunciamiento y a sentirse perseguido

Dos de las características del melancólico producen cortocircuito entre sí: la inclinación natural al renunciamiento y la tendencia a la autopersecución. A menos que el melancólico se cuide, es muy probable que este conflicto lo convierta en un mártir. Por lo común, elige los lugares más difíciles y exigentes para ejercer su vocación. Cuando otros parecen tener más éxito o ganar más renombre, en lugar de enfrentar con realismo el hecho de que él ha elegido la senda de la abnegación, se entrega a la autoconmiseración en razón de que su senda sea penosa y atraviese ásperos desfiladeros.

Los melancólicos rara vez explotan... al principio. Esto es, si uno insulta a un melancólico, generalmente reacciona correctamente en el momento. Pero luego se dedica a cavilar sobre el asunto, se agita, y termina por enfadarse. Cuando se encuentran dos meses más tarde, cuando uno ya ha olvidado completamente el incidente, es capaz de estallar con sólo verlo a uno. Los melancólicos tienen un largo fusible que se recalienta con gran lentitud.

La insistencia del melancólico en quejarse y criticar, no hace sino agravar la actitud negativa, perpetúa su ira y termina por sumergirlo en la desesperanza. Es por ello que 1 Tesalonicenses 5:1 puede acudir a su socorro. Si sigue sus indicaciones en forma esmerada y consecuente, nunca se sentirá deprimido: "Dad gracias en todo, porque esta es la voluntad de Dios para con nosotros en Cristo Jesús."

La creatividad del melancólico

Afortunadamente para el melancólico, él posee una extraordinaria creatividad para proyectar todo tipo de imágenes en la pantalla de su imaginación. Una vez que advierte plenamente que los sentimientos positivos son el resultado directo de la elaboración de sanas imágenes mentales de sí mismo y de sus circunstancias, ya está en camino a la recuperación y la prevención de futuros ataques de ira. Las personas melancólicas corren el riesgo de ser víctimas de la ira, básicamente por el mal uso que en forma continua hacen de su imaginación creativa. Es decir, sobre la pantalla de su imaginación proyectan negativismo, pena, compasión de sí mismos, impotencia y desesperación. Cuando advierten que sus sugestiones creativas pueden obrar tanto a favor como en contra de sí mismos, pueden proyectar cuidadosamente sólo aquellas imágenes que son agradables a Dios. Tales pensamientos sirven para levantarles el ánimo, estabilizar su humor y ayudarles a evitar la ira.

El flemático y la ira

El flemático es ese sujeto "bonachón", plácido e

imperturbable. Además de poseer un carácter sereno y agradable, el flemático es un individuo alegre que siempre trabaja bien con otras personas; es eficiente, conservador, confiable y ocurrente, con una actitud mental práctica. Como por regla general es bastante introvertido, ni sus debilidades ni sus puntos fuertes se advierten tan fácilmente como los de otros temperamentos. Su debilidad más obvia es la falta de iniciativa. Sabe cómo eludir el trabajo sin ofender y tiende a ser obstinado, mezquino e indeciso. Su habilidad para contemplar la vida a través de los ojos del espectador puede generar una tendencia a evitar "verse comprometido" con nada. Los flemáticos pueden ser buenos diplomáticos, porque son pacificado-

res por naturaleza. Muchos son maestros, médicos, científicos, comediantes y editores. Cuando reciben un impulso externo, pueden llegar a ser líderes muy capaces.

Generalmente la persona flemática no se enfada fácilmente. Normalmente tiene un punto de ebullición tan elevado que rara vez llegará a explotar, aunque esté ardiendo al rojo por dentro. Su especial sentido del humor evidencia un concepto alegre de la vida, y muy pocas veces manifiesta mayor fluctuación emocional en cualquier dirección. Es posible conocer al flemático durante toda su vida y no llegar jamás a verlo verdaderamente airado, porque no importa cuál sea la circunstancia, tiende a justificar mentalmente a la persona que lo ha ofendido, injuriado o rechazado. A las personas de los otros tres temperamentos les resulta increíble su habilidad para adaptarse a las circunstancias desagradables, cuando a ellas les resulta fácil quejarse o criticar tanto mentalmente como verbalmente.

Si el flemático llega a manifestar ira, ella está dirigida, generalmente, a su propia falta de agresividad. Muchas veces su mente práctica y capaz concibe un adecuado plan de acción para determinadas circunstancias, pero a causa de su tendencia a la pasividad o a su temor o ser criticado por otros, no lo da a conocer. En consecuencia, empujado por la familia o por algún otro grupo de presión, puede verse siguiendo un plan inferior al suyo propio. Esto puede producirle irritación, lo cual, cuando va acompañado de la autoconmiseración, puede provocarle ira. Sin embargo, su ira dura poco, porque no tardará en llegar alguien que lo divertirá y entretendrá.

Hay un solo período crítico en la vida en que el flemático es más vulnerable a la ira. Durante la quinta o sexta década, a menudo toma conciencia de que los demás temperamentos lo han pasado por alto vocacionalmente, espiritualmente y en todo otro sentido. Mientras él observaba pasivamente el desarrollo de la vida como espectador, sus amigos más agresivos atravesaban las puertas de la oportunidad. Su instinto de preservación le ha impedido lanzarse a aventuras azarosas en la vida, y por ello su existencia puede parecerle más bien desperdiciada en esta etapa. Si le da rienda suelta a la autoconmiseración, con seguridad que terminará airado.

En lugar de culpar a su temor o a su indolencia, le resulta mucho más fácil reprochar a "la sociedad", "los desaciertos" o "la suerte". Estas personas debieran aprender del Señor Jesús en su temprana edad a emprender grandes cosas para Dios, ya que Cristo dijo: "Conforme a vuestra fe os sea hecho" (Mateo 9:29).

El remedio para las debilidades temperamentales

Dios tiene un emocionante plan para superar todas las debilidades del temperamento, incluso la ira. En Efesios 5:18 lo describe como el ser continuamente "llenos del Espíritu". La plenitud del Espíritu Santo produce tres grandes características emocionales:

1. Una canción en el corazón (Efesios 5:19);
2. Una actitud mental agradecida (Efesios 5:20);
3. Un espíritu sumiso (Efesios 5:21).

Es imposible sentir ira si estas tres emociones están todas presentes. La plenitud del Espíritu es, entonces, el remedio obvio para el sentimiento de ira.

Cuando el creyente anda en el Espíritu, mantendrá la actitud mental adecuada para poder reaccionar con alabanza y gratitud ante las circunstancias negativas de la vida. Recordemos que Dios ha prometido que no permitirá que nos veamos en circunstancias negativas superiores a nuestra capacidad para enfrentarlas. Por supuesto, El da por sentado que mantendremos la actitud mental adecuada.

Hay varios componentes que integran la actitud mental correcta. Obsérvelas cuidadosamente para ver si usted las posee.

1. Entrega plena a la voluntad y al camino de Dios (Romanos 6:11-13; 12:1, 2). Marque con un círculo el porcentaje de entrega que usted considera que ha logrado en este momento de su vida.

   10% 20% 30% 40% 50% 60% 70% 80% 90% 100%

2. Conocimiento de los principios de Dios (Romanos 12:2). Nadie puede conocer a la perfección los principios que Dios establece para la vida, pero se puede refrescar la mente cada día con ellos leyendo y estudiando la Palabra de Dios. Estudio la Biblia ( ) Todos los días ( ) Varias veces por semana ( ) Un par de veces por mes ( ) Casi nunca ( ) Nunca.

3. La fe (Romanos 14:23; Hebreos 11:6). Es imposible que apropie las dimensiones dinámicas de la Deidad para su vida si falta la fe. Si su fe es débil, no espere que algún milagro le haga fuerte. Los siguientes pasos la fortalecerán.

   a. Oír, leer y estudiar la Biblia (Romanos 13:10).

   b. Orar pidiendo más fe (1 Corintios 12:31).

   c. Andar en el Espíritu (Gálatas 5:22, 23).

   d. Experimentar fe (Romanos 1:17).

Cada vez que uno confía en Dios por algún motivo, hace más fácil confiar en El la próxima vez. Me gustaría confiar en Dios en los siguientes asuntos:

_____

_____

[3]Tim LaHaye, *Spirit-Controlled Temperament* (Wheaton, Ill: Tyndale House, 1966), Temperamentos controlados Editorial CLIE). *Transformed Temperaments* (Wheaton, Ill.: Tyndale House, 1979); (Temperamentos transformados, Edi. CLIE). *Understanding the Male Temperament* (Old Tappan, N.J.; Fleming H. Revell, 1977), (El varón y su temperamento, Editorial Vida); y *Beverly LaHaye, How to Develop Your Child's Temperament* (Irvine, CA.: Harvest House, 1977), (Cómo desarrollar el temperamento de sus hijos, Editorial Betania).

10

¿Es correcto airarse en alguna ocasión?

Me siento muy culpable", — dijo Carla. "Tengo muchos sentimientos de ira dentro de mí y sé que son malos. Sé que la Biblia dice que es malo enojarse, pero yo estoy enojada. Sé que la Biblia dice que se debe perdonar, pero no puedo. ¡Lo que me hicieron no es justo!"

Carla no es la única que se siente así. En algún momento de nuestra vida todos hemos sentido lo mismo.

Vuelve otra vez la pregunta: ¿Está bien enojarse algunas veces? ¿Hay situaciones y circunstancias en las que la ira resulta legítima? ¿Es posible airarse alguna vez sin estar pecando al mismo tiempo? ¿Puede la persona que ha "nacido de nuevo", que es "llena del Espíritu" estar airada y al mismo tiempo andar con Dios? Algunos piensan que toda expresión de ira es pecado. ¿Pero cómo podemos reconciliar los versículos de la Biblia que nos dicen que dejemos de airarnos, que no nos venguemos, que evitemos a aquellos que manifiestan ira, y a no tener resentimiento, con las palabras del apóstol Pablo: "Airaos, pero no pequéis"? No es simple; muchos hombres y mujeres piadosos y consagrados tienen que luchar con este problema.

La historia de Carla ayudará a ilustrar este dilema. Es una de las más trágicas que jamás he oído en mis tareas de orientación. Siendo muy pequeña, oyó involuntariamente una conversación que le reveló que la persona que ella creía que era su padre no lo era. Siendo tan pequeña, la única cosa que sabía hacer era llorar. Con el paso del tiempo, fue reprimiendo el dolor que sentía.

Cuando tuvo siete años, pasó el verano con un tío y una tía. No fue una temporada feliz. La pareja la trataba con palabras duras. El tío Sid la abofeteaba y la castigaba con un cinturón.

Después de varias semanas, ocurrió la tragedia. Un día el tío Sid la golpeó repetidamente y en su ira le gritó: "¡Te enseñaré a obedecerme!" Le arrancó el vestido y la violó. Luego lo volvió a hacer a menudo.

Más adelante, en el curso de ese verano, el tío Sid trajo a su hijo a la habitación a presenciar cómo violaba a Carla. Quería darle "enseñanza sexual práctica". Luego el tío Sid obligó a su hijo a tener relaciones con ella.

Sid todavía no había terminado con ella. Un día hizo que Carla se pusiera su vestido favorito y la llevó "a visitar a unas personas". En ese momento Carla no podía entender por qué Sid llevaba un vestido adicional. También se preguntaba a quién iban a visitar.

Sid llevó a Carla a una oficina comercial. Los dos hombres con los que se encontraron allí rasgaron su vestido y la violaron en la oficina. Uno de los hombres tenía una cámara fotográfica y tomó fotografías de todo lo que ocurría.

Sólo al llegar a la mayoría de edad Carla descubrió la verdad: "El tío Sid" no era su tío sino su padre.

Carla vive airada. Yo también, cuando escuché el relato, sentí ira. Me sentí impotente, igual que ella. Ninguno de los dos podía hacer nada para cambiar lo que había ocurrido en el pasado. ¿Pero de aquí en adelante qué pasa con ella? ¿Tiene Carla el derecho de sentir ira? ¿Es pecado su ira? ¿Es pecado la ira que sentí yo?

Archibal Hart encara este asunto en su libro *Feeling Free* cuando dice: "La necesidad de diferenciar entre la ira (como sentimiento) y la hostilidad / agresión (el comportamiento que surge del sentimiento) es aun más importante cuando procuramos entender el modo en que el Nuevo Testamento encara el problema de la ira. El apóstol Pablo nos presenta lo que al principio parece una paradoja sin solución: "Airaos, pero no pequéis; no se ponga el sol sobre vuestro enojo" (Efesios 4:26).

"¿Cómo puede uno airarse sin pecar? *La Biblia al Día* aclara algo más lo que quería decir el apóstol Pablo y nos ofrece una interpretación adecuada no sólo de la naturaleza de la ira sino también de su solución: 'Si se enojan ustedes, no cometan el pecado de dar lugar al resentimiento. ¡Jamás se ponga el sol sobre su enojo! ¡Dejen pronto el enojo...!'

"Lo que yo entiendo que Pablo está diciendo aquí es que no es la ira misma (como sentimiento) lo que está mal, sino que la ira tiene el poder de llevarnos a pecar. La clave está en que es la transformación o conversión de los sentimientos de ira en acciones agresivas u hostiles lo que nos lleva a pecar. El sentir ira, decirle a alguien que uno siente ira, y hablar de la ira que sentimos es, a la vez, saludable y necesario. En la medida en que reconozcamos que la ira es nuestra y evitemos devolverle con la misma moneda al objeto que produjo esa ira, la mantenemos como un sentimiento. ¡Y los sentimientos son legítimos! En cambio, lo que, hace con los sentimientos puede no serlo. ¡Y es allí donde podemos caer en pecado!"

Moisés y la ira

En su libro *To Anger, With Love*, Elizabeth Skiglund escribe lo siguiente en relación al versículo "Airaos, pero no pequéis": "Resulta claro que la ira no es pecaminosa; mas la forma en que manejemos la ira puede ser o no ser pecaminosa. La clave que ofrece Efesios parece ser que 'se la debe superar cuanto antes.' Cualquiera que esté familiarizado con las enfermedades psicosomáticas admitiría que la ira que se guarda y se mantiene es una emoción destructiva y negativa que puede ocasionar enfermedades físicas. Ese hombre callado que nunca se desquita cuando su esposa le fastidia, quizás no sea tan piadoso, sino más bien incapaz de enfrentar y manejar su ira, y puede ser el candidato perfecto para un ataque cardíaco o una apoplejía en pocos años. Sería mejor que enfrentara su ira y acabara con ella cuanto antes, lo cual sólo puede hacerse con algún tipo de manifestación externa.

"La Biblia está llena de ejemplos de ira, tanto constructiva como destructiva. Probablemente el primero que sintió ira según el relato bíblico fue Dios mismo, cuando expulsó a Adán y Eva del jardín de Edén.

"En el Antiguo Testamento, la vida de Moisés provee gráficos ejemplos de la perspectiva bíblica sobre los modos constructivos y destructivos de manejar la ira. En un momento de su liderazgo en Israel, Moisés no pudo apaciguar una rebelión en el campamento israelita, después que salieron de Egipto para ir a la tierra que Dios les había prometido. Algunos de los hombres acusaron a Moisés, diciendo que los había sacado de la hermosa tierra de Egipto para llevarlos a ese terrible desierto (Números 16:13). Teniendo presente que en esa hermosa tierra de Egipto habían sido esclavos del rey, y que habían sido golpeados y maltratados, no es de sorprender que Moisés respondiera con ira: 'Entonces Moisés se enojó en gran manera, y dijo a Jehová: No mires a su ofrenda' (Números 16:15).

"Para sorpresa de Moisés, la ira de Dios fue mayor que la de él: 'Apartaos de entre esta congregación, y los consumiré en un momento' (Números 16:21).

'Y ellos se postraron sobre sus rostros y dijeron: Dios, Dios de los espíritus de toda carne, ¿no es un solo hombre el que pecó? ¿Por qué airarte con toda la congregación?' (Números 16:22). Y Dios se aplacó.

"Ninguno de estos sentimientos de ira fue pecaminoso; sin embargo, tanto Moisés como Dios estaban airados y expresaron libremente su ira.

"En contraste con el buen manejo que Moisés hizo de la ira en esta situación está la circunstancia en la que su ira se dirigió contra Dios. Dios le dijo a Moisés: 'Pasa delante del pueblo, y toma contigo de los ancianos de Israel; y toma también en tu mano tu vara con que golpeaste el río, y vé. He aquí yo estaré delante de tí allí sobre la peña de Horeb; y golpearás la peña, y saldrán de ella aguas, y beberá el pueblo. Y Moisés hizo lo que se le había dicho, ¡y brotó agua de la roca!'(Exodo 17:5, 6).

"Más adelante, sin embargo, los israelitas volvieron a quejarse por la falta de agua: Y porque no había agua para la congregación, se juntaron contra Moisés y Aarón. 'Y habló el pueblo contra Moisés ... ¿Por qué hiciste venir la congregación de Jehová a este desierto, para que muramos aquí nosotros y nuestras bestias? ¿Y por qué nos has hecho subir de Egipto, para traernos a este mal lugar?' (Números 20:2-5).

"Reaccionando correctamente, Moisés se volvió una vez más a Dios con su problema, y Dios una vez más le indicó cómo obtener agua. Pero esta vez quedó claro que Moisés no debía golpear la roca sino hablarle.

"Con aparente calma Moisés tomó la vara y llamó al pueblo como Dios le había indicado. Luego, en una explosión de ira, Moisés dijo: '¡Oíd ahora, rebeldes! ¿Os hemos de hacer salir aguas de esta peña? Entonces alzó Moisés su mano y golpeó la peña con su vara dos veces, y salieron muchas aguas, y bebió la congregación y sus bestias' (Números 20:10, 11).

"Sin embargo, el resultado en la vida de Moisés fue condenación de parte de Dios. En su ira había ignorado la orden de Dios y había golpeado la roca no sólo una vez sino dos. Es un acto que según muchos comentaristas tiene honda signficación teológica en la tipología bíblica y que así constituye una grave ofensa. A raíz de ello Moisés fue privado del privilegio final de hacer entrar a los israelitas en la tierra prometida, aunque se le permitió verla desde lejos.

"La enseñanza obvia que resulta de observar la ira en la vida de Moisés es que la ira en sí misma no es mala; ni es malo expresar la ira. Lo importante es la forma en que se la expresa."[2]

En su libro *Three Steps Forward, Two Steps Back*, Charles Swindoll observa que "la ira no es necesariamente pecaminosa. Dios dice 'Airaos, pero no pequéis.' No toda expresión de ira es mala. Es como si yo le dijera a uno de mis hijos: 'Espero que te diviertas cuando salgas esta noche. Que pases un rato agradable. Pero no hagas mal uso de tu humor.' O como cuando el Señor dice: 'Quiero que amen, pero no amen al mundo. Ni siquiera las cosas del mundo. Quiero que amen, pero reserven ese amor para ciertas cosas.' Este es el mismo pensamiento. Enójense, pero no lleven su enojo al punto en que se transforma en pecado."[3]

La ira de Dios

La Biblia tiene mucho que decir sobre la ira de Dios

y la ira del hombre. Hay grandes diferencias entre ambas.

La ira de Dios	La ira del hombre
Es controlada, tiene un propósito	Es descontrolada, no tiene paciencia
No tiene odio, malicia ni resentimiento	Tiene odio, malicia, resentimiento
No es egoísta	Es egoísta
Es expresión de una preocupación	Es expresión de indignación
Es para corregir o limitar el comportamiento destructivo	Es para destruir al individuo
Es una manifestación de interés	Es expresión de venganza
No busca romper las relaciones	Busca romper las relaciones para herir
Surge ante la injusticia	Surge ante las violaciones del yo
Ante la desobediencia deliberada	Ante aquellos que me ofenden

La ira de Dios es diferente de la del hombre, porque impone la santa ira sobre el pecado. No es correcto comparar la ira de nuestro Señor hacia el pecado con la ira del hombre, porque Cristo tenía naturaleza divina y santa que el hombre no comparte; por eso El podía sentir una santa ira libre de pecado. Su ira más severa comprendía una justa indignación hacia el pecado, nunca una reacción personal ante el rechazo, el insulto o la injuria.

Efesios 4:26 dice: "Airaos, pero no pequéis; no se ponga el sol sobre vuestro enojo." Puesto que este es el único versículo que parece admitir la ira, deberíamos examinarlo con cuidado. Contiene dos requisitos serios. Notemos: "Airaos" . . . (1) "pero no pequéis;" (2) "no se ponga el sol sobre vuestro enojo."

El primer requisito ciertamente limita la ira: "¡No pequéis!" Prohibe todo pensamiento pecaminoso o toda manifestación pecaminosa de ira. Francamente, nunca visita mi consultorio gente que padezca angustia emocional causada por ese tipo de ira, porque la "indignación justa" (que es como llamo yo a la ira sin pecado) no produce conflictos. La segunda limitación obviamente exige que esa ira inocente no se dilate más allá de la puesta del sol. Los que dan por terminada su ira al ponerse el sol tampoco cultivarán problemas emocionales. De paso, el versículo 27 sugiere que si se permite que la ira inocente vaya más allá de la puesta del sol, "da lugar al diablo".

Por otro lado, la Biblia tiene mucho que decir sobre la ira que no es santa. Considere cuidadosamente los siguientes versículos bíblicos:

Deja la ira y desecha el enojo. *Salmo 37:8*

No te apresures en tu espíritu a enojarte; porque el enojo reposa en el seno de los necios. *Eclesiastés 7:9*

Mejor es la comida de legumbres donde hay amor, que de buey engordado donde hay odio. *Proverbios 15:17*

Mejor es un bocado seco, y en paz, que casa de contiendas llena de provisiones. *Proverbios 21:19*

El hombre iracundo promueve contiendas; mas el que tarda en airarse apacigua la rencilla. *Proverbios 15:18*

Como ciudad derribada y sin muro es el hombre cuyo espíritu no tiene rienda. *Proverbios 25:28*

No te entremetas con el iracundo, ni te acompañes con el hombre de enojos, no sea que aprendas sus maneras, y tomes lazo para tu alma. *Proverbios 22:24, 25*

Mejor es el que tarda en airarse que el fuerte; y el que se enseñorea de su espíritu, que el que toma una ciudad. *Proverbios 16:32*

El que encubre el odio es de labios mentirosos; y el que propaga calumnia es necio. *Proverbios 10:18*

El odio despierta rencillas; pero el amor cubrirá todas las faltas. *Proverbios 10:12*

Pero ahora dejad también vosotros todas estas cosas: ira, enojo, malicia, blasfemia, palabras deshonestas de vuestra boca. *Colosenses 3:8*

Por esto, mis amados hermanos, todo hombre sea pronto para oír, tardo para hablar, tardo para airarse; porque la ira del hombre no obra la justicia de Dios. *Santiago 1:19, 20*

La solución al aparente conflicto entre los trece versículos que condenan la ira y Efesios 4:26, donde pareciera que se la condena, es en realidad muy simple. La Biblia admite la indignación santa y condena toda ira provocada por el egoísmo. Se experimenta indignación justa cuando se comprueba que se ha cometido una injusticia contra otra persona. Por ejemplo, cuando un matón la emprende contra un niño, uno siente surgir una emoción (justa indignación) y va en auxilio del niño. No se está pecando en este caso, ni resulta difícil olvidar esa ira externamente motivada, al caer el sol. Pero cuando alguien lo rechaza, lo insulta o lo injuria a uno, es asunto diferente. ¿Carece de pecado su emoción? ¿Lo olvida al caer la noche?

Las expresiones terrenales de la ira de nuestro Señor nos ofrecen otro ejemplo. Cuando expulsó a los cambistas del templo, su acción fue impersonal. "Habéis hecho de la casa de mi Padre una cueva de ladrones" (ver Mateo 21:13). Su ira para con los fariseos surgió mas adelante porque eran "lobos" espirituales que desviaban a las ovejas, no porque lo atacaran a El. Todo lo contrario, cuando le escupieron y lo clavaron sobre la cruz, no mostró ira en absoluto. En lugar de eso escuchamos las conocidas palabras: "Padre perdónalos, porque no saben lo que hacen" (Lucas 23:34). Nuestro Señor nunca manifestó ira ocasionada por el egoísmo.

Aquellos que usan Efesios 4:26 para justificar la debilidad humana hacia la ira tienden a olvidar un hecho importante. Apenas cinco versículos más adelante, en el mismo contexto, leemos:

> Quítense de vosotros toda amargura, enojo, ira, gritería y maledicencia, y toda malicia. Antes sed benignos unos con otros, como Dios también os perdonó a vosotros en Cristo.   Efesios 4:31, 32.

De todo esto resulta claro que la indignación justa es aceptable, pero que el pecado motivado por uno mismo es malo. ¿Dónde está la diferencia? ¡En el egoísmo! La ira provocada por el egoísmo, que es la que experimenta la mayor parte de nosotros y que produce tantos estragos personales y familiares, es un pecado terrible. Es por eso que la Escritura dice: "Quítense de vosotros (toda) amargura, enojo, ira."

Volvamos un momento a Carla. Creo que podemos decir con seguridad que la ira que siente es justificada. Hasta podemos llamarla indignación justa. Creo que hasta podríamos decir que la ira que sentí yo en este caso fue legítima. "Si eso es cierto, entonces no hay ningún problema," quizás diga alguien. Pero sí lo hay.

El problema radica en lo que hará Carla con la violación que ha sufrido. Tiene una elección que hacer respecto a su justa indignación. Si ella se aferra, a su ira demasiado tiempo (el concepto de la puesta del sol), existe una gran posibilidad de que se transforme en resentimiento, amargura y odio. Lo que en un primer momento era una ira saludable puede transformarse en algo maligno. La ira que al comienzo era justificada puede transformarse en pequeños puntos de apoyo que le den pie al diablo para entrar y destruir la estabilidad emocional de Carla. Y no sólo en la vida de Carla, sino en la suya y la mía.

Todos hemos sido heridos por otros en algún momento de la vida. Como Carla, somos víctimas; víctimas de la inhumanidad del hombre hacia el hombre. La forma en que reaccionamos contra estas heridas y decepciones determinará la diferencia entre la salud emocional y la falta de ella, entre la salud espiritual y la falta de ella.

A mi juicio, el factor aislado más importante en relación con la salud emocional y espiritual y con la eliminación de la "levadura maligna" de la ira es el *perdón*. En el próximo capítulo examinaremos la importancia del perdón y por qué es tan difícil perdonar a aquellos que nos han herido.

---

[1]Archibald D. Hart, *Feeling Free* (Old Tappan, N.J.: Fleming H. Revell, 1979, pp. 73-74.
[2]Elizabeth R. Skoglund, *To Anger, With Love* (New York: Harper & Row, 1977), pp. 27-29.
[3]Charles R. Swindoll, *Three Steps Forward, Two Steps Back* (Nashville: Thomas Nelson, 1980), p. 152.

11

La ira y el perdón

"**N**o puedo más. Lo he perdido casi todo", me dijo Jay. "Invertí mis ahorros y empeñé mi casa para entrar en el negocio, y ahora todo se acabó. Confié en los otros socios porque eran todos creyentes ... pero me han 'despojado'. Ahora me buscan todos los acreedores para que les pague las cuentas, y todo el mundo en el pueblo piensa que soy un estafador, porque el proyecto falló. ¡Estoy tan furioso con Don y con Fred que podría llegar a escupir clavos!"

¿Le resulta familiar la historia de Jay? ¿No se parece a su propia experiencia? ¿Ha sido usted herido financiera, social y emocionalmente como lo fue Jay? Pues entonces únase al club: el herir está "de moda" este año. "Pero yo no he sido herido," quizás usted diga. ¡Tenga cuidado entonces! El dolor llegará en su momento: usted no está exento del sufrimiento.

Si todos pasamos por situaciones de incomprensión, de dolor y de sufrimiento, ¿por que es que algunas personas se tornan violentas, amargadas y cínicas frente a los problemas de la vida, mientras otras que atraviesan los mismos problemas se muestran tan felices, alegres y optimistas? Creo que buena parte de la respuesta reside en el perdón.

Perdón y olvido

El predicador norteamericano Henry Ward Beecher (1813-1887), dijo en cierta ocasión: "Decir: 'Puedo perdonar, pero no puedo olvidar', es simplemente otra forma de decir: 'No quiero perdonar'. El perdón debe ser como un documento anulado, se lo debe romper por la mitad, y quemar, de modo que no se lo pueda volver a exhibir ante nadie."

Este pensamiento de Beecher fue modificado más tarde por otros, en la siguiente manera: "Si uno no ha olvidado verdaderamente, es porque en realidad uno no ha perdonado." ¡Creo que eso es mentira! Creo que nunca olvidamos realmente las ofensas que hemos experimentado en la vida. Creo que las recordamos.

De hecho, no creo que Dios olvide nuestras ofensas. "Espere un momento", me dirá usted. "¿Qué del versículo de Jeremías 31:34 que expresa: '... dice Jehová; porque perdonaré la maldad de ellos, y no me acordaré más de su pecado'."

La frase "no me acordaré más" no significa que desaparezca de la memoria de Dios. ¿Cómo puede olvidar un Dios omnisciente, un Dios que todo lo sabe? Más aun, en otros pasajes de la Escritura Dios dice que recordará las iniquidades de ellos.

Creo que el concepto que Dios quiere transmitir no es que se olvide del acontecimiento o del pecado en sí, sino que desaparece el juicio por esa ofensa. En otras palabras, "No los someteré a juicio por ello nunca más."

Muchas personas luchan con el problema de que todavía recuerdan las ofensas que han sufrido. ¿Cómo se puede borrar de la memoria un divorcio, un hijo o una hija atrapados por las drogas, parientes que prefieren a otros niños y no a los de usted, o el conductor ebrio que atropella y mata a su cónyuge? No se puede olvidar la guerra. No puedo olvidar que mi vecino accidentalmente mató de un tiro a mi hijo. No puedo olvidar el hecho de que perdí diez mil dólares en una inversión que se malogró por el mal consejo de un amigo.

La verdad lisa y llana es que *sí* recuerdo, que *no* olvido. Pero puedo elegir cómo voy a responder a mis recuerdos. Puedo dejar quietos a mis recuerdos y seguir viviendo o puedo dejar que mis recuerdos me venzan.

William Blake ilustra este pensamiento en su poema "Un árbol envenenado":

Estaba enojado con mi amigo:
Expresé mi enojo, y mi enojo terminó.
Estaba enojado con mi enemigo:
No se lo dije, y mi enojo creció.

Hierba que se muere

Puedo mantener la imagen, puedo sonreír, puedo actuar amistosamente, puedo esconder el hecho de que realmente no he olvidado el asunto … pero en lo profundo de mi ser está el fuego abrasador del recuerdo.

Todos hemos aprendido a ocultar y esconder nuestras penas, desengaños y enojos. En algún momento, sin embargo, las heridas, resentimientos y enojos saldrán a la superficie.

Recuerdo la historia del pastor y el diácono que estaban jugando al golf. Los dos la estaban pasando muy mal. Cada vez que la pelota del diácono salía del campo o se desviaba hacia las zonas ásperas, maldecía. Cuando la pelota del pastor se iba al hoyo de arena o al agua, sonreía y no decía nada. Por fin el diácono dijo: "Eso es lo que admiro de usted. Cuando su pelota se sale de la calle o cae al agua, usted se limita a sonreír."

"Eso puede ser cierto," contestó el pastor, "pero donde yo escupo se muere el césped."

¿Se está muriendo el césped cerca de usted? ¿Está luchando en este momento con una herida muy real? ¿Se pregunta si hay algún alivio posible? ¿Se pregunta si es posible la victoria?

¿Por qué es tan difícil perdonar?

¿Se ha preguntado alguna vez por qué es tan difícil perdonar? Básicamente, se debe a que ...

La persona herida (la parte ofendida) perdona, y no la persona que es perdonada (la que ofende).

David Augsburger se ocupa de este tema en su excelente libro *Perdonar para Ser Libre* cuando expresa:

"El hombre que perdona paga un precio tremendo —¡el precio del mal que perdona!

"Si el estado perdona a un criminal, la sociedad soporta la carga de las fechorías que ha cometido.

"Si alguien rompe una valiosa reliquia familiar y el dueño lo perdona, éste se hace cargo de la pérdida y el culpable queda libre.

"Supongamos que le arruino la reputación a alguien. Para perdonarme, esa persona tiene que aceptar plenamente las consecuencias de mi pecado y dejarme libre de culpa y cargo.

"Al perdonar, tenemos que cargar con toda nuestra ira ante el pecado del otro, aceptando voluntariamente la responsabilidad por el daño que se nos ha hecho.

"Myron Augsburger dice que

Perdonar es costoso. Perdonar ... es llevar uno mismo la ira que le causa el pecado de otros; el culpable queda libre, el que ha sido ofendido lo deja libre, mediante el recurso de cargar él mismo con su propia indignación y siguiendo el camino del amor. Dios perdona asumiendo El mismo su propia ira por el pecado que nosotros hemos cometido contra El ... El absorbe nuestra culpa y nos deja libres. El perdón pasa a través del pecado y llega hasta la libertad.

"Perdonar es costoso porque se opera en base de una sustitución."

" 'Todo acto de perdón, humano o divino, es por su propia naturaleza vicario, substitutivo,' afirma James Buswell, 'y ésta es una de las ideas más valiosas que ha abrigado mi mente. Nadie jamás perdona realmente a otra persona, a menos que lleve sobre sí la culpa del pecado que el otro cometió contra él.' "

"Este acto de sustitución quedó expresado perfectamente en Jesucristo. El Señor Jesucristo se ofreció como sustituto nuestro, llevando su propia ira, su propia indignación por nuestro pecado. ¡Ese es el costo del perdón!"[1]

Perdonar es muy costoso. Le cuesta a usted, no a la persona a quien usted perdona. El perdón significa que no siempre se cumplirá la justicia. El perdón no reconstruye la casa que se incendió porque alguien jugaba irresponsablemente con fósforos. El perdón no siempre puede volver a unir un matrimonio desintegrado. El perdón no restaura la virginidad a la víctima de una violación.

Perdonar es aflojar. Archibald Hart dice: Es la relajación de la "garra de la muerte" que se tiene puesta sobre el dolor que se siente.

"Perdonar es renunciar a mi derecho de devolver la agresión cuando me hieren."

David Augsburger dice también:

"Perdonar es una solución demasiado sencilla. La ley tiene que ser sangre por sangre. Ojo por ojo.

"Efectivamente, es fácil arrancar un diente en venganza por la pérdida de otro diente. Pero, ¿qué retribución se puede exigir a un hombre que nos ha quebrantado el hogar, o ha engañado a una niña, o nos ha arruinado la reputación?

"Son muy pocos los pecados por los que se puede exigir pago, y generalmente la víctima no tiene los medios para exigir pago, ni está en condiciones de hacerlo.

"En la mayoría de los casos, hacer restitución del daño está más allá de las posibilidades. Resulta totalmente imposible.

"Aquí es donde entra la venganza. Si no es posible conseguir pago o restitución plena, por lo menos podemos vengarnos. Podemos pagarle con la misma moneda. Servirle el mismo plato.

"Desquitarnos, en otras palabras. Pero debemos tener presente que al desquitarnos nos ponemos a la misma altura que nuestro enemigo. Descendemos a su mismo nivel, y aun menos.

"Hay un dicho que reza así: 'Al hacer un mal nos colocamos por debajo de nuestro enemigo; al vengarnos por un mal nos ponemos a la misma altura; pero al perdonar el mal que nos ha hecho nos colocamos por encima de él.'

"La venganza no sólo nos coloca al mismo nivel que nuestro enemigo; resulta peor, porque tiene el efecto del bumerang. El hombre que busca vengarse es como aquel que se pega un tiro con el fin de herir al enemigo con el culatazo del arma.

"La venganza es el arma más despreciable de la tierra. Arruina al vengador y al mismo tiempo confirma aun más al enemigo en su mal. Da comienzo a una interminable fuga cuesta abajo por el camino del rencor, de las represalias y la revancha despiadada.

"Así como la compensación es imposible, la venganza resulta impotente.

"'¿Cómo? ¿Qué no hay compensación? ¿Qué no puede haber venganza?' ¡Pero me queda la satisfacción íntima de poder odiar al culpable!'

"Desde luego. Sí que podemos odiarlo. Podemos alimentar un sentimiento de rencor hasta que alcance las cualidades del odio pleno, con pezuñas, cuernos, cola y todo lo demás.

"¿Qué ganamos, sin embargo? Cuando hay odio todos salen perdiendo.

"El odio oculto transforma a una mujer simpática y agradable en una persona amargamente criticona y suspicaz; a un hombre comprensivo, en una persona cínica y cáustica.

"¿Cuánto cuesta incubar odio en el corazón? Tiene el efecto de hacer que el hombre pierda amigos; que el comerciante pierda sus clientes; el abogado, los suyos; el médico, sus pacientes.

"Además de minar el ánimo, el odio que se deja acumular puede elevar la tensión arterial, entorpecer los mecanismos digestivos, provocar úlceras en el estómago, o desencadenar una postración nerviosa. ¿Nunca hemos oído hablar de la trombosis coronaria?

"¿Por qué hervir por dentro? Esto no es más que una forma de suicidio lento. Si uno se deja arrastrar por el resentimiento al punto de hervir de rabia, es inevitable que se produzca una explosión.

"Pero la actitud de 'hervir a fuego lento' puede producir el mismo efecto.

"Con esta última actitud, el único que se daña es uno mismo. El hombre que se dedica a meditar sobre el mal de que ha sido objeto, se envenena el alma.

"¿La reparación? ¡Es imposible! ¿La venganza? ¡Resulta impotente! ¿El resentimiento? ¡Es impráctico!"[2]

¡No siento deseos de hacerlo!

—Mi madre me abochornó ante mis amigos, — dijo

Ruth, con sus encendidos ojos azules —. Siempre lo hace. No puedo perdonárselo.

— ¿No puedes, o no quieres? —le pregunté

— ¡Sencillamente no siento deseos de hacerlo!— —casi gritó como respuesta—. —¡Sencillamente no siento deseos! ¿Se ha preguntado alguna vez cuánto se haría si todos esperaran a tener deseos para hacerlo? ¿Ha sentido alguna vez verdaderos deseos de lavar los platos o de limpiar el garaje, o al menos el desordenado cajón al lado del teléfono? ¿Cuándo fue la última vez que sintió deseos de lavar pañales sucios en el baño?

Cuando era niño y estaba enfermo, solía faltar a la escuela y me dedicaba a escuchar la radio. Había programas fabulosos. Yo solía observar a mi padre cuando estaba enfermo: no dejaba de ir a trabajar. No podía entenderlo. ¿Por qué iba a trabajar cuando no sentía deseos de hacerlo? Cuando yo no tenía deseos de ir a la escuela, me quedaba en casa. Luego crecí y me hice hombre. Y entonces entendí; mi padre era una persona responsable.

George MacDonald hace referencia en forma jocosa a algunos sentimientos cuando escribe: "Tenían un sentimiento, o el sentimiento los tenía a ellos, hasta que llegaba otro sentimiento y ocupaba su lugar. Cuando había un sentimiento allí, sentía que nunca se iría; cuando se había ido, les parecía que nunca había estado allí; cuando volvía, les parecía que nunca había marchado de allí."

El perdón no es inicialmente un sentimiento. Es una elección que va más allá de los sentimientos; es una actividad de la voluntad. Quizás usted responda: "Si yo perdonara a alguien cuando no siento deseos de hacerlo, sería hipócrita." Esta es otra gran mentira. Si usted perdona aun cuando no siente deseos de hacerlo, usted es una persona responsable, no un hipócrita.

Durante varios años dirigí un estudio bíblico para hombres a las seis de la mañana. Colocaba dos despertadores. Cuando sonaban, ¿qué piensa que decía mi cuerpo? "Quédate en cama." ¿Era yo un hipócrita por el hecho de que iba al estudio bíblico aunque mi cuerpo no sintiera deseos de hacerlo? No, era una persona responsable que hacía lo que debía hacer.

En cambio, si hubiera saltado de la cama por la mañana y hubiera dicho: "¡Hombre, me encanta levantarme a esta hora!" entonces sí hubiera sido un hipócrita. Yo creo que si Dios hubiera querido que disfrutáramos del amanecer, lo hubiera ubicado a las diez de la mañana.

Cuando Jesús dijo: "Amad a vuestros enemigos," no quiso decir que tuviéramos un sentimiento amoroso hacia ellos. Probablemente pasaría mucho tiempo antes de que usted pudiera sentir deseos de amar a sus enemigos. El apóstol Pablo, citando el Antiguo Testamento, escribió: "Así que, si tu enemigo tuviere hambre, dale de comer; si tuviere sed, dale de beber," (Romanos 12:20; ver Proverbios 25:21). El verdadero amor es básicamente una acción, no simplemente un sentimiento. La mayor parte de la gente piensa equivocadamente que en primer lugar es un sentimiento.

Reavivando un matrimonio

Cuando llegan parejas para recibir orientación matrimonial, no es raro que una de las dos partes diga: "Ya no siento amor por ella." Nunca se lo discuto. Acepto que están diciendo la verdad; realmente sienten que el amor ha muerto. Más bien sonrío y digo: "¿Le gustaría volver a sentir ese amor?"

La reacción corriente es la incredulidad: ¿Es posible recuperar el amor? La respuesta es que sí, que el amor puede encenderse nuevamente, que puede ser avivado y renovado.

Le digo a la pareja que la razón por la cual su amor se ha desvanecido es que ha dejado de hacer acciones amorosas el uno por el otro. La persona que busca orientación matrimonial jamás ha dicho: "Tengo que desembarazarme de este matrimonio porque mi cónyuge es demasiado bueno conmigo. Me ama demasiado. ¡No lo puedo soportar más!" No, ocurre justo lo opuesto. El amor se aviva cuando se reaniman los gestos amorosos hacia la otra persona, aun cuando no se sientan deseos de hacerlo. Esto no es ser hipócrita; es ser una persona responsable.

También le advierto a la persona responsable que probablemente no conserve esta actitud más de tres días, a menos que tenga cuidado. Una de las personas hará todo lo posible, esforzándose sinceramente al máximo o "haciendo piruetas en el aire", como se dice, por realizar acciones amorosas. La otra persona puede ser más lenta en hacer lo mismo, como también en responder a esos gestos cariñosos. Es como si observara algo que le parece imposible o que piensa que no va a durar. La persona que realmente se está esforzando por cambiar la situación se sentirá algo defraudada después de dos o tres días. No recibe suficiente estímulo o aceptación de parte de la otra persona. Finalmente deja de hacer actos cariñosos. Entonces la otra persona, que estaba en una actitud de reserva, dice: "¡Ahí está! ¡Yo sabía que no iba a durar! Era lo que yo pensaba, nada más que una treta. En realidad no le importa."

Entonces vuelve a comenzar el proceso destructivo, formándose un círculo vicioso. Trato de estimular a la persona responsable a perseverar más de tres días, ignorando los inconstantes sentimientos que van y vienen. Lo aliento a perseverar con un plan definido de atenciones amorosas, sea que le respondan o no con amor. Esto es exactamente lo que Dios hace por nosotros: El nos ama y continúa amándonos no importa cuán pecadores seamos. ¡Esto es asombroso!

Muchas personas tienen dificultad para amar y realizar acciones amorosas porque no tienen deseos de perdonar. Jay Adams sugiere que perdonar no es un sentimiento sino una promesa o un compromiso. Es una promesa o un compromiso de realizar tres cosas:

1. No usaré esta circunstancia en contra de mi cónyuge en el futuro.
2. No hablaré a otros acerca de mi cónyuge.
3. No me dedicaré a cavilar sobre el asunto.[3]

Recuerdo el caso del hombre que entró corriendo al consultorio del orientador matrimonial y dijo: "¡Usted tiene que ayudarme! ¡Mi esposa es histórica!"

"Usted querrá decir histérica", replicó el consejero.

"¡No, es histórica! ¡Me vive recordando el pasado!"

El pasado se trae a colación cuando no ha sido perdonado. El verdadero perdón no continúa resucitando el pasado. El verdadero perdón no es un policía que se empeña en buscar a su víctima, sea viva o muerta. La venganza no anida en el corazón del perdón. Cuando está presente la venganza, no puede estar presente el perdón.

Adams sugiere que:

1. Dios no nos ha dado autoridad (derecho) para tomar venganza.
2. Dios no nos ha dado la habilidad de tomar venganza.
3. Ni nos ha dado Dios el conocimiento de lo que es realmente justo.[4]

Mark Twain dijo: "El perdón es la fragancia que

derrama la violeta sobre el talón que acaba de aplastarla." El libro de los Proverbios dice: "El que tarda en airarse es grande de entendimiento; mas el que es impaciente de espíritu enaltece la necedad" (Proverbios 14:29). "La cordura del hombre detiene su furor, y su honra es pasar por alto la ofensa" (Proverbios 19:11).

¿Ejerce usted discreción? ¿Es usted una persona razonable? Romanos 12:16-21 nos instruye diciendo: "Unánimes entre vosotros; no altivos, sino asociándoos con los humildes. No seáis sabios en vuestra propia opinión. No paguéis a nadie mal por mal; procurad lo bueno delante de todos los hombres. Si es posible, en cuanto dependa de vosotros, estad en paz con todos los hombres. No os venguéis vosotros mismos, amados míos, sino dejad lugar a la ira de Dios; porque escrito está: Mía es la venganza, yo pagaré, dice el Señor. Así que, si tu enemigo tuviere hambre, dale de comer; si tuviere sed, dale de beber; pues haciendo esto, ascuas de fuego amontonarás sobre su cabeza. No seas vencido de lo malo, sino vence con el bien el mal."

En un artículo titulado *"Cristianos vigilantes"* Jay Adams expresa, en relación a los versículos arriba citados: "El principio general que orienta todo lo que Pablo ha escrito en esta sección es: 'No seas vencido de lo malo, sino vence con el bien el mal'. Este es la orden de batalla que Cristo ha proclamado para su iglesia. Debemos alcanzar la victoria en la lucha contra el mal. Hemos estado tratando de descubrir cómo espera Dios que lo logremos. Hemos hablado acerca de muchos de los detalles específicos que están en la base de las órdenes contenidas en los versículos 14 a 18. Ahora llegamos al versículo 19. Este versículo aclara un aspecto desconcertante del programa, al agregar un elemento crucial: no tenemos por qué luchar solos; ni siquiera con el resto del ejército. Hay aspectos de esta guerra que serán resueltos por el propio Comandante en Jefe.

"Si no se le hubiera dicho esto, usted podría haber supuesto que la guerra dependía únicamente de usted y de otros como usted. Usted conoce las instrucciones, pero a menudo las olvida. Usted conoce las instrucciones, pero a menudo le resulta difícil llevarlas a cabo. Y usted sabe que otros miembros del ejército tampoco son confiables siempre. Afortunadamente, el sabio Comandante ha reservado para sí el resultado final de todas las cosas, además de aquellos aspectos de la lucha que usted y yo jamás hubiéramos podido atender de todos modos. Esto es un gran estímulo.

"El versículo 19 dice: 'No os venguéis vosotros mismos, amados míos, sino dejad lugar a la ira de Dios; porque escrito está: Mía es la venganza, yo pagaré, dice el Señor.' "

"Hemos descubierto que la actitud y las acciones del creyente tienen que ser buenas. Las buenas acciones, basadas en la comprensión de las Escrituras y en el deseo de agradar a Dios mediante la obediencia a las Escrituras, llevan a la adopción de buenas actitudes. El centrar la atención en la persona que nos ha hecho mal (en sus necesidades y problemas), en lugar de centrarla en nosotros mismos (por ejemplo), nos ayudará para hablarle y ganarlo. La planificación anticipada es otra acción que puede tener mucho que ver con la actitud que se tiene cuando uno se encuentra comprometido en una lucha mano a mano con el mal en el campo de batalla. Todo esto lo hemos visto, y como tenemos estas verdades básicas claras en la mente, podemos seguir adelante.

"El versículo 19 enseña una verdad adicional que es esencial para emprender con éxito la guerra. Dice, en efecto, que nuestras acciones y actitudes serán influenciadas por la comprensión y aceptación de las limitaciones bíblicas impuestas a nuestra autoridad y capacidad como un soldado individual en el ejército del Señor. Al hacerle frente al mal con el bien, tenemos una esfera de actividad limitada, circunscripta y claramente definida, más allá de la cual no debemos pasar. Cuando lo hacemos, concedemos ventaja al enemigo, usurpamos la autoridad que ha sido reservada para Otro y, además, corremos peligro nosotros mismos.

"Al presentar dichas limitaciones, el Apóstol se vale de su segundo principio absoluto: 'No os venguéis vosotros mismos'. En realidad, es reiteración de la norma sentada previamente en el versículo 17, 'No paguéis a nadie mal por mal,' con un énfasis ligeramente diferente, al que se agregan una razón y una promesa importante: 'Mía es la venganza, yo pagaré.' Cuando Pablo dice nunca, quiere decir justamente eso. No hay ninguna circunstancia en la que el creyente, como individuo, pueda por su propia autoridad vengarse de otro. No hay circunstancias especiales. La regla no admite excepciones.

" 'Pero nadie parece estar ocupándose del asunto; si yo no lo hago, se saldrá con la suya.' Esta objeción no tiene validez. Dios ha dicho que El se ocupará del asunto a su tiempo y a su manera. No hay excepciones a la regla. La vigilancia de Dios sobre la situación es total; no se le pasa nada por alto. Su justicia no tiene fallas. ¡A la vista de este versículo, nuestra impaciencia resulta en realidad una impertinencia! ¡No tocar! ¡La venganza no es nuestra!

" 'Pero me resultaría tan fácil hacerlo. Siendo su jefe, estoy en una posición ideal para hacerlo. Yo podría corregir todas las fallas y todos quedarían contentos. Quizás, a la larga, él mismo quedaría satisfecho también.' No hay excepciones. Nunca estamos en la posición correcta para ejecutar justicia como individuos particulares. Dios ha reservado esa posición para sí mismo. Hagámonos a un lado; estamos pisando un lugar en el que no tenemos ningún derecho a estar."[5]

Nunca digo nada sobre nadie a menos que sea bueno ... ¡y esto sí que es bueno!

Quizás usted haya escuchado acerca de los cuatro pastores que se reunieron para confesarse mutuamente sus pecados. El primero dijo: "Mi pecado es que después del servicio de la mañana, tengo la garganta tan seca que me voy a casa y me tomo una cerveza." Los demás se lamentaron y dijeron: "¡Qué terrible!"

El siguiente dijo: "Mi pecado es que después del servicio de la mañana, me voy a casa y me fumo un enorme cigarro." "¡Oh, eso es horrible!" exclamaron los otros.

El tercer pastor dijo: "Mi pecado es que necesito más dinero para el almuerzo, de modo que saco dinero de las ofrendas." "¡Eso sí que es malvado!, dijeron los otros tres.

Finalmente se volvieron hacia el que faltaba. "¿Cuál es su pecado?"

"No puedo decírselo, es demasiado malo."

"Tiene que hacerlo," le respondieron. "Nosotros confesamos los nuestros."

"Bueno, si ustedes insisten, ¡Mi pecado es ser chismoso, y casi casi no aguanto las ganas de salir de aquí!"

El que perdona verdaderamente no anda hablando a otros acerca del dolor o la ofensa. Los parientes y los amigos son especialistas en formar bandos, especialmente cuando se trata de los problemas matrimoniales.

Un amigo mío dirige un extenso programa de campamentos. Durante un campamento una señora se acercó a él y le contó la triste historia de su divorcio. El le preguntó: "¿Cuánto hace que ocurrió su divorcio?"

Hace dos años, — contestó ella.

— ¿A cuántas personas le ha hablado sobre su divorcio durante esta semana?

Unas cuántas, — dijo ella.

¿Cuánto significa eso?

Varias, — contestó.

¿Cuántos son varios? insistió él.

Seis.

Entonces él le dijo: "Usted sabe, si yo hablara con seis personas por semana sobre mi divorcio dos años, creo que me sentiría igual que usted. Creo que yo tampoco me recuperaría." El perdón es silencioso. No habla a otros.

El último punto que señala Jay Adams sobre el perdón es: "No me dedicaré a cavilar sobre el asunto." Esta es, en verdad, la parte más difícil. . . no acariciar la vieja herida. Aferrarse a las heridas viejas es como arrancar la costra para ver si la herida está sanando. Que Dios nos ayude a todos a no arrancar la costra de las viejas heridas y desilusiones para ver si están mejorando.

Todo futbolista profesional sueña con jugar en el estadio más grande de su país. Mi amigo Mike Fuller no era una excepción. Durante cinco años jugó como defensor de su equipo. Ocupó varios puestos en el equipo que le fueron dando fama.

Parecía que el equipo tenía el éxito asegurado. De pronto, desacuerdos respecto al contrato hicieron que dos de los jugadores se fueran a otros equipos y, repentinamente, Mike fue eliminado del equipo. ¿Por qué, Señor? Mike había sido la fuerza inspiradora para iniciar el estudio bíblico y los servicios religiosos en el equipo. A través de este programa, varios jugadores habían llegado a conocer a Cristo, y por lo menos un matrimonio había sido restaurado.

Cuando lo llamaron de otro equipo, aceptó ... aunque sin mucho entusiasmo. El nuevo equipo había ganado seis partidos y había perdido diez en la temporada anterior. No cabe duda que Mike tuvo momentos de amargura, pero dijo: "Mi esposa y yo nos hemos entregado al Señor; somos sus siervos. Es hora que deje todo esto atrás y me dedique realmente al fútbol." De modo que se marchó a integrar el nuevo equipo; e irónicamente, su nuevo equipo le ganó al equipo al que había pertenecido anteriormente por el campeonato de la liga, en un día sumamente frío.

Las páginas de deporte publicaron su comentario cuando salió a jugar en el afamado estadio: "¡Estoy muy contento de que haya tenido que pasarme al nuevo equipo!" Pero no fue sólo esa victoria la que lo puso contento. Con la ayuda de Dios, había perdonado oportunamente ... o no hubiera ingresado en el nuevo equipo.

El hombre de quien la Biblia no menciona ningún mal

El Antiguo Testamento relata la historia de un hombre que es el ejemplo clásico de quien perdona a aquellos que lo hieren. La historia de José se encuentra en Génesis capítulos 37 a 50.

José fue vendido como esclavo por sus hermanos, fue arrojado en la cárcel por una acusación falsa, y olvidado por aquellos a quienes había ayudado. Si alguien tenía derecho a estar airado, era José. Si alguien tenía razones para buscar venganza, era José. Si alguien llegó a tener poder para tomar venganza, fue José, porque en su momento llegó a ocupar el segundo lugar después del Faraón egipcio. ¿Cómo reaccionó José?

Más de veinte años después de que lo vendieron como esclavo, los hermanos de José vinieron a él a implorar que les vendiera alimentos, sin saber quién era o qué le había pasado. En la Biblia leemos:

"No podía ya José contenerse delante de todos los que estaban al lado suyo, y clamó: Haced salir de mi presencia a todos. Y no quedó nadie con él, al darse a conocer José a sus hermanos.

Entonces se dió a llorar a gritos; y oyeron los egipcios, y oyó también la casa de Faraón.

Y dijo José a sus hermanos: Yo soy José; ¿vive aún mi padre? Y sus hermanos no pudieron responderle, porque estaban turbados delante de él.

Entonces dijo José a sus hermanos: Acercaos ahora a mí, Y ellos se acercaron. Y él dijo: Yo soy José vuestro hermano, el que vendisteis para Egipto.

Ahora, pues, no os entristezcáis, ni os pese de haberme vendido acá; porque para preservación de vida me envió Dios delante de vosotros.

Pues ya ha habido dos años de hambre en medio de la tierra, y aún quedan cinco años en los cuales ni habrá arada ni siega.

Y Dios me envió delante de vosotros, para preservaros posteridad sobre la tierra, y para daros vida por medio de gran liberación.

Así, pues, no me enviasteis acá vosotros, sino Dios, que me ha puesto por padre de Faraón y por señor de toda su casa, y por gobernador en toda la tierra de Egipto.

Y besó a todos sus hermanos, y lloró sobre ellos; y

después sus hermanos hablaron con él" (Génesis 45:1-8, 15).

José perdonó a sus hermanos sin acusarlos por su crimen, sin hablar con otros acerca de lo que le habían hecho, y sin dedicarse a cavilar sobre su suerte. Luego descubrimos en Génesis 50:15-21 lo siguiente:

"Viendo los hermanos de José que su padre era muerto, dijeron: Quizá nos aborrecerá José, y nos dará el pago de todo el mal que le hicimos.

Y enviaron a decir a José: Tu padre mandó antes de su muerte, diciendo: Así diréis a José: Te ruego que perdones ahora la maldad de tus hermanos y su pecado, porque mal te trataron; por tanto, ahora te rogamos que perdones la maldad de los siervos del Dios de tu padre. Y José lloró mientras hablaban.

Vinieron también sus hermanos y se postraron delante de él, y dijeron: Henos aquí por siervos tuyos.

Y les respondió José: No temáis; ¿acaso estoy yo en lugar de Dios?

Vosotros pensasteis mal contra mí, mas Dios lo encaminó a bien, para hacer lo que vemos hoy, para mantener en vida a mucho pueblo.

Ahora, pues, no tengáis miedo; yo os sustentaré a vosotros y a vuestros hijos. Así los consoló, y les habló al corazón."

David Augsburger sugiere que:

1. Como lubricante, el amor perdonador puede reducir la fricción y sanar la irritación.

2. El perdón no es una amnesia sagrada que borra el pasado. Por el contrario, es la experiencia sanadora que elimina el veneno. Se podrá recordar la ofensa, pero no se revivirá el dolor.

3. La avispa del recuerdo puede volver a volar, pero el perdón le ha arrancado el aguijón.[6]

Leemos: "Vestíos pues, como escogidos de Dios,

santos y amados, de entrañable misericordia, de benignidad, de humildad, de mansedumbre, de paciencia; soportándoos unos a otros, y perdonándoos unos a otros, si alguno tuviere queja contra otro. De la manera que Cristo os perdonó, así también hacedlo vosotros" (Colosenses 3:12, 13). Y también: "Antes sed benignos unos con otros, misericordiosos, perdonándoos unos a otros, como Dios también os perdonó a vosotros en Cristo" (Efesios 4:32).

En el capítulo que sigue nos ocuparemos de lo que ayuda a no dedicarnos a cavilar en nuestras heridas y enojos pasados. Para un estudio más profundo sobre el perdón, recomiendo especialmente dos libros de David Augsburger: *Perdonar para ser libre* y *Caring Enough to Forgive / Caring Enough Not to Forgive*.[7]

Preguntas introspectivas sobre el perdón

1. Me ha resultado difícil olvidar _____

_____

_____

_____

2. Me ha sido difícil perdonar a las siguientes personas: _____

_____

3. Las situaciones o circunstancias que me han hecho difícil perdonar son: _____

_____

_____

4. La retribución de la ofensa requeriría _____

y lograría _____
_____

5. Con la venganza lograría _____
_____

6. Con resentimento lograría _____
_____

7. En relación a las ofensas mencionadas arriba ( ) No voy a perdonarlas ( ) No estoy todavía listo para perdonar ( ) Estoy próximo a perdonar ( ) Ahora decido perdonarlas.

8. Si estuviera por comenzar a realizar actos cariñosos hacia aquellos que me han herido, comenzaría por _____
_____
_____

y luego procedería a _____
_____
_____

Pensamientos sobre el perdón

"Sin el perdón, la vida queda bajo el dominio de un interminable ciclo de resentimientos y venganzas." *Roberto Assagioli*

"Nadie olvida jamás dónde enterró el hacha." *Ken Hubbard*

"Sólo los valientes saben perdonar."

"El que ofende, nunca perdona."

"Comprender es perdonar."

"No hay venganza tan completa como el perdón."
Josh Billings.

"Es más fácil perdonar a un enemigo que a un amigo."

"Un niño pequeño, repitiendo El Padre Nuestro una noche, dijo:

'Y perdona nuestras deudas, así como nosotros perdonamos a aquellos que se empeñan en hacernos mal."

"Cada persona debiera tener una parcela especial en el cementerio donde enterrar las faltas de sus amigos y de sus seres queridos."

"Aquel que aún no ha perdonado a un enemigo no ha gustado uno de los placeres más sublimes de la vida." *Lavater*

"Al creyente le resulta menos costoso perdonar que resentirse. El perdón ahorra el precio de la ira, el costo del odio y el gasto del espíritu."

Hannah More

[1] David W. Augsburger, *The Freedom of Forgiveness* (Chicago: Moody Press, 1970), pp. 21-22, (Hay versión castellana).

[2] Ibíd., pp. 13-14.

[3] Jay E. Adams, *The Christian Counselor's Manual* (Nutley, N.J.: Presbyterian and Reformed, 1973), pp. 64-70.

[4] Jay E. Adams, *How to Overcome Evil* (Grand Rapids: Baker, 1977), pp. 89-90.

[5] Ibíd., pp. 87-89

[6] Augsburger, *The Freedom of Forgiveness*, pp. 38-39. (Hay versión castellana).

[7] David W. Augsburger, *Caring Enough to Forgive/Caring Enough Not to Forgive* (Scottdale, Pa.: Herald 1981).

12

La otra cara del perdón

He llegado al punto en que ni siquiera creo que Dios existe. Pero algo muy dentro de mi ser me dice que El está allí. Sin embargo, no lo siento en absoluto. Por más que ore, no siento ningún alivio. Creo que Dios no oye mis oraciones. Todavía me siento muy mal. ¡Sé que no debería sentirme así, pero no puedo evitarlo!" Mientras Christy decía esto, las lágrimas empezaban a surcarle el rostro.

Christy continuó: "Todos los programas religiosos que escucho por radio parecen decir que debo aprender a perdonar como Dios perdona. La semana pasada hablé con mi pastor y me dijo: '¡Christy, debes perdonar a Clark!' Le dije que lo había intentado, pero que no parecía dar resultado. ¿Hay alguna salida? ¿Tendré que sentirme así siempre?"

La historia de Christy no es excepcional. Ha sido profundamente herida. Su esposo Clark tuvo una aventura amorosa con una amiga íntima de ella. Y esta no había sido la primera aventura de Clark; ella ya se había enterado de tres aventuras anteriores. Cada vez que se enteraba, lo perdonaba y lo volvía a aceptar. El último asunto fue más duro para Christy porque fue con una de sus mejores amigas. Cuando Christy vino a verme, Clark todavía tenía relación con la otra mujer.

"Le pregunté a Clark si quería el divorcio," dijo Christy. "Pero me dijo: 'No tengo intenciones de pedir el divorcio.' Quiero perdonarlo; al menos eso creo. Pero se vuelve más difícil cada vez. Esta vez ha sido la más difícil." Christy echó a llorar.

¡Viene el lobo!

Como muchas otras personas, Christy está atrapada en lo que yo llamo "El síndrome del niño-que-gritó-que-venía-el-lobo." Sin duda el lector recuerda la historia del niño que gritaba que venía el lobo. El muchacho estaba absolutamente solo cuidando el rebaño. Penso para sí mismo que le gustaría hablar con alguien, pero no podía dejar las ovejas. De modo que decidió que si gritaba: "¡El lobo, el lobo!," la gente de la aldea cercana vendría a ayudarlo a proteger las ovejas. Cuando vinieran, entonces él tendría con quien conversar.

El muchacho llevó su plan a la práctica varias veces. Tal como lo imaginaba, los aldeanos venían corriendo en su auxilio. Sin embargo, cuando descubrían que no había ningún lobo, se enojaban muchísimo. "Deberías dejar de gritar: '¡El lobo!' cuando no hay ningún lobo, porque algún día habrá un lobo real, y entonces no vendremos a ayudarte."

Y un día ocurrió eso: un lobo verdadero atacó a las ovejas. El joven empezó a gritar: "¡El lobo, el lobo!" pero nadie salió a auxiliarlo. El lobo mató a todas las ovejas. Había gritado: "¡El lobo!" demasiadas veces, y ya nadie le creía.

Christy había llegado al punto en que ya no acudiría más a ayudar a Clark mediante el perdón. El había gritado "¡El lobo!" demasiadas veces. ¿Por qué le resultaba tan difícil a Christy perdonarlo? Porque

Clark no cambiaba. No daba por terminado el asunto. Seguía teniendo aventuras. No se estaba volviendo de su pecado. En otras palabras, no había arrepentimiento en la vida de Clark.

La falta de arrepentimiento (cambio en el propio estilo de vida, en la actitud o en el comportamiento), obstaculiza, sofoca, frustra e impide el proceso del perdón.

La meta del perdón es la reconciliación y la restauración de la relación. Si no se llega a la reconciliación, entonces no hay perdón total ... sino perdón frustrado. Es difícil vivir con un perdón que se ha visto frustrado. Christy estaba viviendo con un perdón frustrado, porque Clark no mostraba arrepentimiento (media vuelta) respecto a sus relaciones pecaminosas y, por lo tanto, no había reconciliación en la relación entre ellos.

Es difícil vivir en una situación semejante. Pero es aun más duro el hecho de que quizás nunca se alcance la reconciliación. La relación quizás no se restaure jamás. En ese caso, ¿qué tiene que hacer Christy con sus sentimientos?

En su libro *Caring Enough Not to Forgive*, David Augsbuerger trata este asunto: "Cuando el perdón se entiende básicamente como un acto de sacrificio de una sola de las partes, como una substitución personal de una sola de las partes, en el que una de las personas absorbe la culpa de la otra, entonces la acción de una sola de las partes es la acción que corresponde. Hay casos en que el sacrificio, la aceptación, la absorción son actos aceptables como perdón, pero son excepciones en casos extremos. El perdón genuino en las relaciones permanentes no es una acción unilateral, sino una interacción mutua. El modelo básico del perdón genuino comprende las dos partes, a las dos personas, a dos movimientos encaminados hacia la reconciliación.

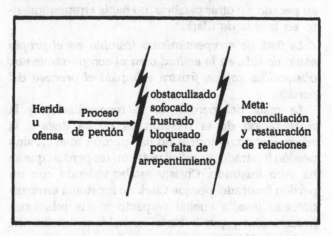

Herida u ofensa → Proceso de perdón → obstaculizado sofocado frustrado bloqueado por falta de arrepentimiento → Meta: reconciliación y restauración de relaciones

" 'Me resentí con Jim por la forma en que trabajaba en contra de mí en la fábrica. No ganaba nada con socavarme el piso. Pero yo perdí la promoción. Decidí no perdonarlo nunca, ni en el día de la muerte. Pero descubrí que no podía vivir de esa manera. Mi propio odio me estaba destruyendo. Fue un desastre en absoluto. Decidí vivir y dejar vivir, perdonar y olvidar.' "

"Uno se transforma en un ente solitario cuando se está sufriendo o cuando las relaciones están zozobrando. Aceptar, absorber o adaptarse como individuo sin la interacción con la otra parte envuelta en la ofensa no hace más que aumentar el aislamiento y la soledad que ya forman parte del dolor que se experimenta."

"Uno puede modificar su actitud hacia el otro, puede planear nuevos comportamientos en respuesta al otro, puede llevar a la práctica lo que se propone hacia el otro, pero mientras esto no se experimente con el otro, el perdón queda frustrado.

"En la familia, cuando un hermano debe adaptarse silenciosamente a una relación malavenida con otro, el conflicto interpersonal se absorbe y se transforma en un conflicto intrapersonal. La herida que había entre los dos es internada por uno de ellos. Sobreviene la soledad. El problema ha sido movido simplemente, en lugar de ser removido.

"En el matrimonio, cuando uno de los cónyuges decide hacer una adaptación por su cuenta a un trauma doloroso que existe entre ambos, el procedimiento podrá reducir las tensiones que los separan, pero hay un costo. Y cuando una sola de las personas paga ese precio, la soledad aumenta, la distancia entre ambos se ensancha, y la relación matrimonial sufre una sensible pérdida de sinceridad y genuinidad. No se hace ningún favor a la persona ni a la relación si todo lo que se hace es volver el dolor hacia dentro. No se reducen las tensiones, simplemente recirculan.

"En las relaciones laborales, cuando una persona opta por perdonar resignadamente, el espíritu de equipo puede mejorar, pero el progreso es temporario. El nivel de confianza queda interrumpido junto con la comunicación obstruida. La soledad del que por su cuenta está haciendo el trabajo que en rigor de justicia corresponde a dos, de una persona que necesita sofocar secretamente el deseo de una comunicación abierta y franca para poder mantener las apariencias de la cooperación, va separando lentamente a los colegas hasta transformarlos en extraños que se tratan con buenos modales. La frustración no desaparece, se desplaza.

"Este énfasis en la importancia del perdón mutuo está contrapuesto a la idea corriente de lo que es el perdón. Comúnmente se enseña que es una virtud que puede ejercitar una de las partes, o mediante la cual una de las partes puede aventajar a la otra, o exhibirla uno por todos. Más aun, los predicadores ensalzan a tal punto la superioridad de la generosidad expresada por una sola de las partes, y la "verdadera espiritualidad" el altruismo unilateral, que la verdadera reconciliación ha llegado a ser una excepción en lugar de la norma.

"El estilo de vida individualista ha llegado a ser considerado como la verdadera expresión de la vida madura; el afecto unilateral se considera la norma para resolver las irritaciones; así, las soluciones individuales han reemplazado a las soluciones conjuntas que son las que posibilitan la verdadera comunidad. La meta del perdón es la reconciliación, no la liberación. El propósito del perdón es la reconstrucción de la relación, no la renuncia piadosa a una relación real. Uno no puede hacer la verdadera tarea de perdonar por sí solo. Se puede restaurar la propia percepción del amor, mediante un paso inicial individual. Se puede volver a tratar a la otra persona como a alguien a quien se valora, se estima y se considera preciosa. Se puede iniciar una conversación, buscar una verdadera comunicación y hacer todo lo que esté al alcance para crear una amistad genuina en la que se pueda confiar y afrontar riesgos. Sin embargo, hacen falta dos para que haya reconciliación, para advertir que se vuelve a estar en buenas relaciones otra vez. Tratar de hacer todo esto en un esfuerzo unilateral es transitar un camino solitario; la acción unilateral lo deja a uno vacío."[1]

No cabe la menor duda de que debe intentarse la reconciliación de la relación. En Mateo 18:15-34 se nos instruye a proceder así. ¿Pero qué pasa si no se logra la reconciliación? ¿Qué hacer entonces? ¿Qué ocurre si la persona ha muerto? ¿Qué pasa si la persona se ha

Muerte del
ofensor

El ofensor se ha
mudado y no se
lo puede localizar

RAZONES QUE
IMPIDEN
LA RECONCILIACION

El ofensor
niega, se rehúsa
o rechaza

El ofendido
no perdona

Falta de habilidad,
energía, motivación o
temor de su parte

mudado y no puede ser localizada? ¿Qué se hace si la persona se niega, rehúsa o rechaza la reconciliación?

En ese caso, el perdón es parcial. Es incompleto. Queda frustrado. Resulta doloroso. Queda una herida profunda. No se puede decir otra cosa. No hay más remedio que abandonar y dejar las cosas en manos del Señor... y pasar a otra cosa.

Usted dirá: "¡Eso duele mucho!" Es cierto. Ahora usted puede apreciar en pequeña medida lo que Dios debe sentir a escala gigantesca. Dios ofrece perdón a todos los que han pecado contra El. Ofrece perdón a todos los que continúan pecando contra El. Pero la mayoría rechaza, niega, y rehúsa aceptar su perdón.

Es unilateral. No hay reconocimiento del mal, no hay arrepentimiento. El perdón de Dios queda frustrado y bloqueado, y algún día terminará con separación eterna. Eso le duele a Dios.

¿Cómo puedo cambiar mis emociones?

Si tenemos que hacer abandono del dolor, ¿cómo podemos hacerlo? Usted dirá: "Pienso en la cuestión todo el tiempo. ¿Cómo puedo cambiar mis emociones?"

Hace poco me encontré leyendo 2 Corintios 2:1: "Esto, pues, determiné para conmigo, no ir otra vez a vosotros con tristeza." Cuando comencé a analizar el versículo advertí que lo que Pablo estaba diciendo era que él podía resolver (por un acto de su voluntad) modificar sus emociones (la tristeza). El asunto es, ¿cómo se logra esto?

Dios nos hizo con mente, voluntad y emociones. Estos tres son independientes aunque se entrelazan, se superponen y se interrelacionan unos con otros.

La mente: el aspecto pensante
de nuestro ser

La voluntad: El aspecto
volitivo o activo de
nuestro ser

Las emociones:
El aspecto
sensible de
nuestro ser

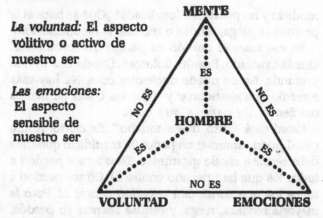

Muchas personas viven simplemente en el nivel emocional. Son llevadas, dominadas y controladas por sus emociones o sentimientos. El apóstol Pablo sugiere que es posible vivir en otro nivel.

Trataré de ilustrar un proceso muy complicado y complejo. En el gráfico que sigue usted observará flechas punteadas que van desde las emociones hacia la mente y la voluntad.

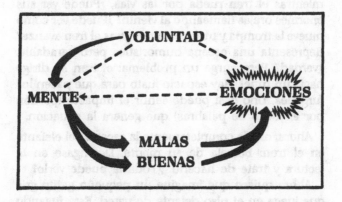

Las flechas punteadas indican que las emociones no tienen control directo sobre la mente o voluntad. Las emociones sólo tienen un control índirecto; envían sensaciones y sugerencias a la voluntad y a la mente. Por ejemplo, usted no se "siente bien", y sus emociones le dicen: "No tienes la obligación de estar bien. Tu mente se equivoca al pensar lo contrario."

Usted podrá observar que la mente tampoco tiene control directo, sino indirecto, sobre la voluntad. Las flechas llenas indican que la voluntad tiene control directo sobre la mente, y la mente tiene control directo sobre las emociones.

Si nuestra mente alberga pensamientos buenos o positivos, tendremos buenas emociones (sentimientos). Si nuestra mente tiene pensamientos malos o negativos, tendremos malas emociones (sentimientos). No podemos pensar cosas buenas y tener emociones malas o pensar pensamientos malos y tener emociones buenas. La realidad simplemente no funciona así.

Imagínese un enorme elefante rosado con un lazo azul en el cuello. Está parado sobre un vagón de carga mientras el tren rueda por las vías. ¿Puede ver sus enormes orejas flameando al viento? ¿Puede ver cómo mueve la trompa y trompetea mientras el tren avanza? Representa una escena humorística pero agradable, ¿verdad? Pero surge un problema: el tren se dirige hacia un túnel. Hay espacio justo para que pasen los furgones. Uno casi puede sentir el impacto (perdón por el juego de palabras) que genera la situación.

Ahora, olvide completamente la escena del elefante en el tren. Bórrela de su mente. Deténgase en la lectura y trate de hacerlo. ¿Todavía puede verlo?

Ahora quiero que imagine un pequeño gatito gris que juega en el piso delante de usted. Está jugando con un ovillo de lana amarilla. ¿Lo ve golpear el ovillo con las patas delanteras? ¡Mire! Allá se va el ovillo rodando bajo la mesa.

¿Cuál es el sentido de este ejercicio? Quiero que advierta el hecho de que cuando ve el gatito gris, ya no ve el elefante rosado. O a la inversa. No se pueden contemplar plenamente ambas imágenes a la vez. Esto es cierto respecto a la mente. Si alberga buenos pensamientos, tendrá emociones buenas, en concordancia con aquéllos.

Ahora quiero señalar un punto más importante. La voluntad no tiene control directo sobre las emociones. La voluntad únicamente tiene control directo sobre la mente.

¿Puede pensar en alguien que lo haya herido? ¿Alguien a quien le cuesta mucho perdonar? Al hacerlo, quizás sienta que se despiertan en usted algunas emociones negativas, aun cuando esta herida le haya sido infligida mucho tiempo atrás. Cuanto más piensa en esta herida, más se acentúan los sentimientos negativos.

¿Alguna vez se ha dicho a sí mismo: "No debiera sentirme de este modo. Voy a modificar la forma en que me siento hacia esta persona"? ¡Nunca lo logrará! La voluntad no tiene control directo sobre las emociones. La voluntad sólo tiene control directo sobre la mente.

La única manera de cambiar los sentimientos emocionales es cambiando lo que la mente siente al respecto. Es igual que la situación entre el elefante rosa y el gatito gris.

¿Cómo piensa que surgen los héroes en la batalla? No es a través de la mente. La mente dice: "Si salgo a rescatar a mi amigo, lo más probable es que me maten." No son las emociones. Las emociones dicen: "Si salgo y me matan, me va a doler y eso no me gusta." Es la voluntad la que motiva al héroe. La voluntad domina tanto a la mente como a las emociones.

Podríamos encender una vela y colocarla en el escritorio delante de nosotros. Luego podríamos dejar el libro a un lado y colocar la mano derecha sobre la llama. La llama comenzaría a quemarnos la mano. De inmediato, nuestras emociones dirían: "¡Ay! ¡Duele!" Nuestra mente nos diría: "¡Idiota! ¿Se te está quemando la mano!" Pero la voluntad tiene el poder de dominar la influencia de la mente y de las emociones. Nuestra voluntad podría conservar allí la mano independientemente de lo que sintiera.

¿Ha sentido alguna vez que *no* tenía deseos de

alabar al Señor? ¿Ha sentido alguna vez que no deseaba perdonar a alguien? ¿Lo han dominado todos sus sentimientos de ira? Usted puede cambiar todo eso si lo desea. ¡Dentro de su ser tiene el poder necesario para cambiar sus emociones! Se logra ejercitando la voluntad. Su voluntad tiene control directo sobre la mente y sobre lo que ella piensa. Si usted quiere cambiar sus emociones, la única manera de hacerlo es modificando lo que su mente piensa al respecto.

Quizás usted responda: "Esto se parece al Poder del Pensamiento Positivo." ¡Lo es! ¿Y de dónde piensa que obtuvieron ese concepto los que escriben sobre el pensamiento positivo? ¿Sabe usted que se trata de un concepto bíblico?

Examinemos Filipenses 4:4-9:

"Gócense en el Señor siempre; se lo repito, gócense. Que todo el mundo vea siempre en ustedes a individuos desinteresados y considerados. Recuerden que el Señor viene pronto. No se afanen por nada; más bien oren por todo. Presenten ante Dios sus necesidades y después no dejen de darle gracias por sus respuestas. Haciendo esto sabrán lo que es la paz de

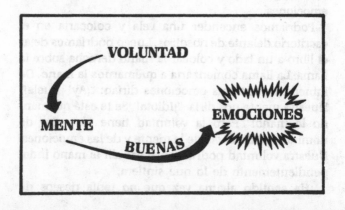

Dios (emocional), la cual es tan extraordinariamente maravillosa que la mente humana no podrá jamás entenderla. Su paz mantendrá sus pensamientos y su corazón (mente) en la quietud y el reposo (acto de la voluntad) de la fe en Jesucristo (Paréntesis del autor).

"Y ahora, hermanos, antes de terminar esta carta, deseo decirles algo más: centren (acto de la voluntad) ustedes el pensamiento (mente) en lo que es verdadero, noble y justo. Piensen (mente) en lo que es puro, amable y honorable, y en las virtudes de los demás. Piensen (mente) en todo aquello por lo cual pueden alabar a Dios y estar contentos. Sigan poniendo en práctica (acto de la voluntad) lo que aprendieron, recibieron, oyeron y vieron en mí, y el Dios de paz (experiencia emocional) estará con ustedes" (*La Biblia al Día*).

Querer o no querer

"Sé que no debiera vivir en el nivel emocional. Sé que debiera pensar en las cosas buenas y puras de los otros. Pero me resulta difícil ejercer mi voluntad. Quiero hacer lo correcto, pero termino haciendo lo malo." ¿Se ha sentido así alguna vez usted? Es una experiencia muy común. Hay una constante batalla en nuestras vidas. Es la batalla por la voluntad — la voluntad de hacer el bien.

¿Por qué dejo de cumplir tareas tales como limpiar el garaje, planchar, o escribir cartas a mis parientes? ¿Por qué miento cuando sé la verdad? ¿Por qué no procuro conocer a Dios como debiera? ¿Hay respuesta a todo esto? ¿Es posible encontrar la chispa necesaria para mover mi voluntad para el bien?

Los tres pasos de la vida

Buena parte de la solución de cualquier problema consiste en comprender el problema. ¿Qué es lo que nos lleva a hacer cualquier cosa en la vida? El siguiente esquema puede ayudarnos a entender lo que mueve al ser humano.

Objetivo: Meta o propósito a alcanzar

Medios: Métodos que se usan para alcanzar el objetivo deseado

Esfuerzo: Energía requerida en el uso de los medios para alcanzar la meta

Ejemplo A

OBJETIVO: Reducir y perder el exceso de peso

MEDIOS: 1. Dejarse morir para perder
              tres horribles kilos
          2. Dejar de comer
          3. Metrecal
          4. Ayds
          5. Dieta a base de líquidos
          6. Jack LaLanne
          7. Comer porciones más pequeñas
          8. Morirse

ESFUERZO: En medida extrema

Ejemplo B

OBJETIVO: Ser (primera figura)
              en el equipo de fútbol.

MEDIOS: 1. Obstruir
          2. Atajar
          3. Lastimar
          4. Estudiar jugadas
          5. Sangrar

ESFUERZO: Una gran cantidad

Ejemplo C

OBJETIVO: Llegar a ser médico

MEDIOS: 1. Asistir eternamente a clases
          2. Prestar atención

3. Aprender a escribir en forma legible
4. Aprender a cortar
5. Aprender a hacer
   cuentas con claridad

ESFUERZO: Una cantidad extraordinaria

Todo en la vida gira en torno al concepto de Objetivos, Medios, y Esfuerzos. No podemos alcanzar ningún objetivo, espiritual o secular, sin que estén presentes los tres pasos.

¿Cree usted que alguien puede bajar de peso sin usar los medios ni aplicar esfuerzos? ¿Qué cree que diría el entrenador de fútbol si un joven quiere ser el número uno pero no concurre a los entrenamientos? ¿O qué diría del hombre que entra en un hospital y quiere realizar una operación sin haber recibido instrucción ni experiencia? ¿Piensa que el personal del hospital lo dejaría operar?

El mismo principio se aplica a la vida cristiana. Objetivo, Medios y Esfuerzo.

OBJETIVO: Ser un creyente gozoso
lleno del Espíritu,
guiado por el Espíritu

MEDIOS: 1. Recibir a Cristo como
Salvador y Señor
2. Estudiar la Biblia
3. Orar
4. Compartir la fe
5. Tener comunión con otros creyentes
6. Obedecer al Espíritu Santo
7. Controlar la ira, perdonar a otros, etc.

ESFUERZO: 1. Una enorme cantidad

La cuestión decisiva
Cuando reflexionamos sobre el concepto de los

Objetivos, Medios y Esfuerzo, surgen otras preguntas. ¿Qué es lo que determina la cantidad de esfuerzo que se emplea para alcanzar el objetivo? ¿Cómo surge el incentivo?

El valor del objetivo es lo que determina la cantidad de esfuerzo que ejercemos, al usar los medios, para alcanzar la meta. ¿Qué valor tiene para usted perder peso, ser el número uno del equipo, ser un animador, ser médico o ser un creyente lleno de gozo y del Espíritu, que se deja guiar por El? ¿Cuánto significa para usted aprender a manejar su ira? ¿Cuánto vale para usted obtener paz perdonando a aquellos que han pecado contra usted? Si el objetivo es verdaderamente valioso para usted, no cabe duda de que se esforzará y usará los medios disponibles para alcanzar la meta.

Cuando oscila el péndulo

Muchas personas van de un extremo a otro. Un grupo dice: "Tenemos que utilizar la voluntad que Dios nos ha dado. Dios ayuda a aquellos que se ayudan a sí mismos." Otro grupo responde: "Debemos anular la propia voluntad y dejar que Cristo haga la obra en nuestras vida." Ambos extremos son peligrosos. Si negamos la voluntad que Dios nos ha dado, nos

transformamos en un globo de protoplasma. Si lucha-
mos apoyados por nuestra propia voluntad, dejamos
de ser guiados por el Espíritu.

La verdad del asunto es que se trata de una
combinación de voluntades: la de Dios y la nuestra.
Cuando uno llega a ser lleno del Espíritu y a ser
guiado por El, uno no pierde su personalidad. Dios se
vale de nuestra personalidad y nuestro temperamento. Dios ha dispuesto trabajar a través de los seres
humanos para realizar su voluntad.

Dios no hace las cosas que tenemos que hacer cada
día. Dios se vale de hombres y mujeres para llevar a
cabo su obra en este planeta.

Cuando Jesús estaba en el Huerto, dijo: "No se haga
mi voluntad, sino la tuya." ¿Se imagina qué hubiera
ocurrido si Cristo no hubiera ido a la cruz? Jesús
también tuvo que ejercitar su voluntad humana para
poder cumplir la voluntad de su Padre. Dijo: "Nadie
me quita (mi vida), sino que yo de mí mismo la
pongo."

¿Es realmente valioso para usted vivir una vida
gozosa, llena del Espíritu y sometida al Espíritu? En
caso afirmativo, usted utilizará la voluntad libre que
Dios le ha dado para realizar el esfuerzo y usar los
medios para alcanzar el objetivo. En el momento en
que usted da un paso por fe y procura vivir para
Cristo, Dios sale a su encuentro y se produce en su
vida el milagro de la combinación de las dos
voluntades.

La otra cara del perdón es modificar lo que se ha
estado pensando. ¿Modificará algo quedarse pensando morbosamente en el problema? ¿Se siente usted
mejor si piensa constantemente en aquellos que lo
han herido? En otras palabras, ¿da resultados lo que
ha venido haciendo? Entrégueselo a Dios. Deje de
aferrarse al problema.

Se cuenta de un hombre que acudió al médico y le dijo: "Doctor, cada vez que levanto el brazo, me duele." El médico le dijo: "¡Pues entonces no lo levante!" ¿Le duele el brazo del rencor? Deje de levantarlo. Sólo *usted* puede hacer esa decisión. ¿Vale la pena en su concepto? Sólo cuando lo sea, tendrán lugar los cambios.

[1]David W. Augsburger, *Caring Enough Not to Forgive* (Glendale, Calif.: Regal Books, 1981), pp. 28-31.

13

Cómo manejar
su ira

"**H**ace años que vivo controlado por la ira. En realidad, siendo niño ya tenía ira. Despotricaba y bramaba, me enfurecía, me enfurruñaba, contenía la respiración, y tenía toda clase de pataletas violentas," dijo Richard con voz fuerte y firme. "Ya adulto he destruido una relación tras otra a causa de mi ira. Insulto a más y mejor a todos los conductores idiotas en la ruta y a todos los estúpidos peatones que creen que pueden cruzar la calle en cualquier parte. No tengo paciencia con los vendedores, y tampoco no confío en los que tienen autoridad. En otras épocas de mi vida golpeaba a mi esposa y a mis hijos. Sencillamente, no me es posible controlar la ira. ¿Cómo puedo manejar toda esta ira?"

El primer paso para aprender a manejar la ira es desear de todo corazón el cambio. Por tanto, no se logra gran cosa mientras la persona realmente no quiera hacer algo con el problema. El segundo paso es determinar a cuál de las dos secciones principales del problema nos estamos refiriendo. Podemos encarar la ira ya sea *antes* de que se presenten los "sentimientos" de ira o *después*.

ENFRENTANDO LA IRA

ANTES DE SENTIR ENOJO
DESPUES DE SENTIR ENOJO

I. Enfrentando la ira antes de "sentirme airado"

Una de las mejores maneras de controlar la ira es el "mantenimiento preventivo". Si aprendemos a detener la ira antes de que se haga presente, habremos dado un importante paso hacia adelante. Para facilitar esta tarea, será de ayuda revisar nuestra experiencia con la ira.

HISTORIA DE LA IRA PERSONAL

1. En general, yo diría que soy ( ) Una persona muy airada ( ) Aproximadamente, término medio como persona airada ( ) Una persona con muy poca ira.

2. Mis amigos y mi familia dirían que soy ( ) Una persona muy airada ( ) Aproximadamente, término medio como persona airada ( ) Una persona con muy poca ira.

3. Mi puntaje en el "Inventario de la Ira" en el capítulo 5 fue _____,
   lo que me ubica como _____
   _____
   _____
   _____

4. En cuanto a "La ira y el lenguaje corporal" en el capítulo 3, cuando estoy airado, generalmente manifiesto la ira de manera no verbal mediante,
   ( ) El tono de voz (inflexión, altura). Describa lo que hace_____

( ) Expresiones faciales de _____

_____

( ) Movimientos corporales y gestos de _____

_____

5. En cuanto a "La ira y la salud", he observado un aumento de:

( ) Sobrealimentación	( ) Descomposturas estomacales
( ) Ayuno	
( ) Dolores de cabeza	( ) Gastritis
( ) Jaquecas	( ) Asma, alergia
( ) Dolores de pecho	( ) Erupciones de la piel (Urticarias, eczemas)
( ) Crispamiento	
( ) Tartamudeo	( ) Problemas de garganta
( ) Artritis	( ) Problemas de la vejiga
( ) Dolores de cuello	( ) Dolores de cintura
( ) Resfríos nasales	( ) Náuseas y vómitos
( ) Constipación	( ) Diarrea
( ) Alta presión	( ) Ulceras
	( ) Problemas cardíacos

6. En relación al capítulo 2, varios miembros de la Familia Airada, con los que podría estar emparentado yo, son:

Nombre   Breve descripción

_____

_____

_____ _____

_____ _____

_____ _____

_____ _____

7. En el capítulo 6, "Anatomía de los problemas mentales", se mencionaron diferentes modos de manejar los problemas. Creo que la manera de abordar los problemas que yo puedo haber elegido es:

( ) Huida o evasión   ( ) Humor
( ) Rebelión   ( ) Ruptura de cada
( ) Martirio o   nueva relación
    generosidad   ( ) Drogas o alcohol
( ) Ira   ( ) Diversas formas de
( ) Otras _____   enfermedad mental

_____

_____

_____

_____

8. En el capítulo 7, ¿Por qué me enojo? se sugirieron una serie de factores que influyen en la ira. Las que más condicionan mi ira son:

( ) Aburrimiento   ( ) Celos
( ) Egoísmo   ( ) Venganza
( ) Injusticia   ( ) Agresiones o impe-

( ) Inseguridad
( ) Envidia
( ) Insomnio
( ) Tensión general
( ) Mis cambios anímicos
( ) Las experiencias pasadas
( ) Desengaños amorosos
( ) Pérdida de metas
( ) Presión social
( ) Humillación o abochornamiento
( ) Sentimientos de rechazo
( ) Temor al fracaso
( ) Falta de un hogar privado
( ) Drogas y/o alcohol
( ) El clima
( ) Pérdida de estima
( ) Frustración
( ) Crítica
( ) Otros _____

dimentos físicos
( ) El medio familiar
( ) Salud precaria en general
( ) Expectativas sobre otros
( ) Mi propia percepción e interpretación de la situación
( ) Sensación de inutilidad
( ) Sensación de debilidad
( ) Pérdida del trabajo
( ) Pérdida de un ser querido por fallecimiento
( ) Necesidad de espacio
( ) Protección propia o de la familia
( ) Mi temperamento
( ) Mi formación religiosa

_____

9. Con frecuencia me siento airado con ( ) Dios ( ) Mis hijos ( ) Mi cónyuge ( ) Los que están en autoridad ( ) Mis amigos ( ) La injusticia ( ) Mis padres ( ) Conmigo mismo ( ) Los extraños ( ) Objetos inanimados ( ) Obstáculos diversos ( ) Otros _____

_____

10. Creo que mi temperamento básico es del tipo

( ) Sanguíneo ( ) Colérico ( ) Melancólico ( ) Flemático

11. Creo que mi temperamento influye sobre mis reacciones de ira al _____

_____

12. Después de revisar las preguntas sobre el perdón en el capítulo 11, creo que parte de mi ira puede estar dirigida a _____

_____

13. El momento del día en que siento que me empiezo a airar más a menudo es ( ) La mañana ( ) La tarde ( ) La noche ( ) Muy tarde

14. Las cosas que normalmente ocurren a la hora del día en que empiezo a sentirme airado son _____

_____

_____

15. La persona o personas con la/s que me siento más airado son _____

_____

16. En relación a "Ayuda externa contra la ira", en el capítulo 8, yo
    ( ) No he recibido a Cristo como mi Salvador y Señor.
    ( ) Tengo interés en recibir a Cristo.
    ( ) He recibido a Cristo como mi Salvador, pero últimamente no ha sido el verdadero Señor de mi vida.

( ) He recibido a Cristo y estoy viviendo mi vida lo más cerca que puedo de las Escrituras.

Al revisar su pasado en relación a la ira, quizás decida que hay ciertos aspectos de su vida que desearía mejorar. Anote esos aspectos y tómelos como motivos de oración. También puede sentir la necesidad de buscar orientación sobre estos asuntos, de un amigo prudente, un pastor o un consejero. El compartir su preocupación con otro, no sólo le ayuda a darle expresión a sus pensamientos sino que le hará sentirse más responsable ante esa persona por sus acciones. La otra persona le ayudará a mantenerse en el camino.

Bienaventurado el varón que no anduvo en consejo de malos,
Ni estuvo en camino de pecadores,
Ni en silla de escarnecedores se ha sentado;
Sino que en la ley de Jehová está su delicia,
Y en su ley medita de día y de noche.
Será como árbol plantado junto a corrientes de aguas,
Que da su fruto en su tiempo,
Y su hoja no cae;
Y todo lo que hace, prosperará.

Salmo 1:1-3

Bendeciré a Jehová que me aconseja;
Aun en las noches me enseña mi conciencia.

Salmo 16:7

El camino del necio es derecho en su opinión;
Mas el que obedece al consejo es sabio

Proverbios 12:15

Los pensamientos son frustrados donde no hay consejo;
Mas en la multitud de consejeros se afirman.

Proverbios 15:22

Escucha el consejo, y recibe la corrección,
Para que seas sabio en tu vejez.

Proverbios 19:20

Como aguas profundas es el consejo en el
corazón del hombre;
Mas el hombre entendido lo alcanzará.

Proverbios 20:5

Los pensamientos con el consejo se ordenan;
Y con la dirección sabia se hace la guerra.

Proverbios 20:18

Porque con ingenio harás la guerra,
Y en la multitud de consejeros está la victoria.

Proverbios 24:6

El ungüento y el perfume alegran el corazón,
Y el cordial consejo del amigo, al hombre.

Proverbios 27:9

Quizás le resulte útil fijar un plan de lectura sobre el aspecto en el que está necesitado. Un buen comienzo sería iniciar un estudio bíblico sobre la ira, seguido por otro sobre el perdón y uno sobre la paciencia.

Encontrará que se evitan, las explosiones de ira, evitando las situaciones que le provocan ira. Desde luego que es mejor resolver las situaciones que provocan ira, pero esto no siempre es posible. En ese caso, reduzca el contacto al mínimo. Necesita aprender a premeditar los puntos de mayor presión. Como dice el refrán, es mejor prevenir que curar.

No te entrometas con el iracundo,
Ni te acompañes con el hombre de enojos,
No sea que aprendas sus maneras,
Y tomes lazo para tu alma.

Proverbios 22:24, 25

También debe advertir que usted es responsable por la manera en que decide reaccionar ante las situaciones que le producen ira. Nadie "lo hace rabiar". La ira es la respuesta suya a las acciones de otros. *Usted* mismo se provoca la ira. Le será útil hacer con un amigo una representación simulada de la forma en que puede reaccionar. O puede ensayar mentalmente, antes de verse sometido a la presión, sus reacciones positivas frente a la emoción de la ira. Si está por concurrir a una fiesta y sabe de antemano que allí habrá alguien a quien usted no le cae bien, o alguien a quien usted no le gusta, puede pedir la guía de Dios. El le ayudará a responder como debe, si lo desea.

Puede resultar conveniente relajarse un poco. Quizás haya estado tomando la vida con excesiva seriedad. Quizás los problemas no sean tan grandes como usted los percibe. Quizás le convenga desarrollar un poco de sentido del humor. Si damos un paso atrás a veces, podemos ver el lado cómico de la vida y de aquello que pensamos que son problemas insalvables.

Puede aprender a hacerse preguntas tales como: ¿Qué haría Jesús en esta situación? ¿Cómo reaccionaría El? ¿Necesito airarme? ¿Me ayudará la ira a manejar mejor este asunto o este conflicto?

Pídale a Dios que le ayude a aprender a controlar su lengua. Alguien ha dicho: "La lengua está en un lugar húmedo y resbala con facilidad." La clave para controlar la lengua es planear con anticipación. Antes de encontrarse en una situación conflictiva, decida que no va a decir nada que hiera o destruya la otra persona. Dios le dará el poder para hacerlo si usted así lo desea. En Santiago 3:2-18 leemos:

Porque todos ofendemos muchas veces. Si alguno no ofende en palabra, éste es varón perfecto, capaz también de refrenar todo el cuerpo.

He aquí nosotros ponemos freno en la boca de los caballos para que nos obedezcan, y dirigimos así todo su cuerpo.

Mirad también las naves; aunque tan grandes, y llevadas de impetuosos vientos, son gobernadas con un muy pequeño timón por donde el que las gobierna quiere.

Así también la lengua es un miembro pequeño, pero se jacta de grandes cosas. He aquí, ¡cuán grande bosque enciende un pequeño fuego!

Y la lengua es un fuego, un mundo de maldad. La lengua está puesta entre nuestros miembros, y contamina todo el cuerpo, e inflama la rueda de la creación, y ella misma es inflamada por el infierno.

Porque toda naturaleza de bestias, y de aves, y de serpientes, y de seres del mar, se doma y ha sido domada por la naturaleza humana.

Pero ningún hombre puede domar la lengua, que es un mal que no puede ser refrenado, llena de veneno mortal.

Con ella bendecimos al Dios y Padre, y con ella maldecimos a los hombres, que están hechos a la semejanza de Dios.

De una misma boca proceden bendición y maldición. Hermanos míos, esto no debe ser así.

¿Acaso alguna fuente echa por una misma abertura agua dulce y amarga?

Hermanos míos, ¿puede acaso la higuera producir aceitunas, o la vid higos? Así también ninguna fuente puede dar agua salada y dulce.

¿Quién es sabio y entendido entre vosotros? Muestre por la buena conducta sus obras en sabia mansedumbre.

Pero si tenéis celos amargos y contención en vuestro corazón, no os jactéis, ni mintáis contra la verdad; porque esta sabiduría no es la que desciende de lo alto, sino terrenal, animal, diabólica.

Porque donde hay celos y contención, allí hay perturbación y toda obra perversa.

Pero la sabiduría que es de lo alto es primeramente pura, después pacífica, amable, benigna, llena de misericordia y de buenos frutos, sin incertidumbre ni hipocresía.

Y el fruto de justicia se siembra en paz para aquellos que hacen la paz.

Por último, decida ser sincero y afectuoso cada vez que sea posible.

Cruel es la ira, e impetuoso el furor;
Mas, ¿quién podrá sostenerse delante de la envidia?
Mejor es reprensión manifiesta
Que amor oculto.
Fieles son las heridas del que ama;
Pero importunos los besos del que aborrece.

Proverbios 27:4-6

Por lo cual, desechando la mentira, hablad verdad cada uno con su prójimo; porque somos miembros los unos de los otros.

Efesios 4:25

El amor es sufrido, es benigno; el amor no tiene envidia, el amor no es jactancioso, no se envanece; no hace nada indebido, no busca lo suyo, no se irrita, no guarda rencor; no se goza de la injusticia, mas se goza de la verdad. Todo lo sufre, todo lo cree, todo lo espera, todo lo soporta ... Y ahora permanecen la fe, la esperanza y el amor, estos tres; pero el mayor de ellos es el amor.

1 Corintios 13:4-7, 13.

Puede ser un gesto de sinceridad decirle a su hija adolescente que tiene un enorme grano en la nariz ... pero puede no ser el gesto más cariñoso.

II. Enfrentando la ira después de "sentirme airado"

Hemos reflexionado sobre cómo manejar la ira antes de sentirnos airados. Espero que haya advertido su historia personal de ira y la necesidad que tenemos todos de convertir nuestros sentimientos de ira en asuntos de oración. He sugerido la importancia del consejo que proviene de la Palabra de Dios, junto al de amigos piadosos. Ahora me referiré al problema de cómo encarar la ira después que nos "sentimos airados".

Para clarificar el proceso de la ira, lo divido en tres secciones principales: la respuesta mental a los sentimientos de ira, la respuesta verbal, y la respuesta física.

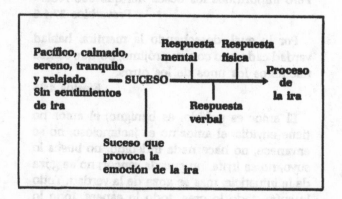

En este diagrama observará la frase: "Asunto que provoca la emoción de la ira." Hablando técnicamente, ningún asunto puede por sí mismo provocar la ira;

es en realidad nuestra percepción del asunto lo que produce la emoción de la ira.

Cuanto más le parezca que una persona está deliberadamente haciendo algo para dañarlo o irritarlo, tanto más airado se sentirá usted. Si el esposo llega tarde a cenar, la esposa tiene una elección que hacer. Puede percibir o pensar para sí: "Estoy desilusionada. Me tomé todo el trabajo en preparar la cena y él no apareció a tiempo. Desearía que no ocurriesen cosas como ésta, pero ocurren. Pero quiero vivir. Olvidaré el asunto. Estoy segura de que no lo hizo a propósito." O bien la esposa puede elegir pensar de la siguiente manera: "¡Lo hizo a propósito! ¡Quiere agredirme! ¡Quiere vengarse! El sabía que yo me sentiría realmente mal por esto."

PENSAMIENTOS

"¡No es justo!"
"¡Es un tonto!"
"¡No se lo voy a tolerar!"

EMOCIONES

Dolor
Ira, Miedo,
Frustración,
Resentimiento,
Odio

SUCESO

CONDUCTAS

Cantárselas claras
Planear un método
para vengarse del otro.

Si la esposa pasa suficiente tiempo pensando en el asunto, puede llegar a armar toda una cuestión contra su esposo. Si la esposa decide atacar a su esposo, él probablemente reaccione de una manera negativa a su ataque, y diga alguna cosa dura.

Esto hace que la esposa se sienta justificada en su ataque, porque "¡Ya ve cómo ha reaccionado! ¡Es tan bajo!" Y así sigue y sigue el asunto.

Un paso importante para controlar la ira es enfrentar o admitir los sentimientos de ira. Reconozca y admita el hecho de que está airado. A algunas personas les resulta muy difícil hacer esto. Desde niños se les dijo que no debían sentir ira: "La ira es pecado. Si te enojas eres malo." De modo que empezaron a utilizar otras palabras para describir sus sentimientos de ira, porque sería terrible admitir que estaban airados. Shakespeare escribió: "Aquello a lo cual llamamos rosa tendría un aroma igualmente dulce si lo llamáramos con otro nombre." Me gustaría agregar: "La ira con otro nombre sigue siendo ira."

En la lista siguiente aparecen algunas de las palabras que usamos para expresar que nos sentimos airados cuando no queremos hacernos cargo de nuestra ira. En realidad, lo que describen son los diversos grados de la ira.

Envidiar	Caliente	Encolerizado
Detestar	Rechazado	Disgustado
Despreciar	Lastimado	De variable ánimo
Menospreciar	Molesto	Irascible
Aborrecer	Resentido	Furioso
Embaucar	Enfurecido	Encendido
Criticar	Rígido	Loco
Desdeñar	Irritado	Exasperado
Reírse de alguien	Frustrado	Fastidiado

Dolorido	Enfadado	Cansado
Frío	Dolido	Afligido
Harto	Preocupado	Contrariado
Enfermar	Ofendido	Atropellado
Agotado	Sarcástico	Sulfurado
Maniático	Enojadizo	Aspero
Herido	Perjudicado	Provocado
Malicioso	Amargado	Malhumorado
Quisquilloso	Mezquino	De mal talante
Perplejo	Rencoroso	Fastidiado
Salvaje	Maligno	Celoso

Encárese a la mentalidad iracunda

Abajo se enumera una serie de pasos que le ayudarán una vez que tome conciencia de su ira y la admita. Le ayudarán antes de que exprese o demuestre sus pensamientos y sentimientos airados.

1. *Busque más información antes de reaccionar.* A veces percibimos o suponemos que ocurren ciertas cosas cuando en realidad no suceden. Cuando recabamos más información, nuestros pensamientos y sentimientos pueden cambiar. Estoy seguro, por ejemplo, de que habrá oído la historia del hombre que viajaba en el tren junto a su hijo de cinco años de edad. El pequeño estaba lleno de energía. Saltaba en el asiento, corría ida y vuelta por el pasillo y gritaba constantemente. Una mujer que también viajaba, se fastidió con las acciones molestas del niño. Se dijo a sí misma: "¿Por qué ese hombre no le enseña buenos modales a su hijo? Se queda sentado mirando por la ventana, haciendo caso omiso de la mala conducta de su hijo."

Finalmente, la mujer ya no pudo soportar más la conducta del niño. Con voz firme le dijo al padre: "Señor, ¿por qué no hace que su hijo se comporte como debe? ¡Está molestando a todos en el tren!"

Con mirada atónita, el hombre emergió de sus pensamientos y retornó a la realidad de la airada mujer que tenía delante. Dijo: "Lo ... lo siento. Estaba absorto por mis pensamientos y no advertí que los molestaba. Sabe, mi esposa murió ayer, y su féretro viene en el último vagón. Vamos al lugar donde ella nació, para enterrarla. Supongo que perdí de vista lo que estaba haciendo mi hijo."

Cuando obtenemos más información sobre algo, muchas veces tendremos que modificar lo que sentimos y la forma en que reaccionamos. Debemos aprender a preguntarnos: "¿Son justificados o no mis sentimientos de ira?"

La próxima vez, antes de fustigar verbalmente a alguien, sería bueno hacer algunas preguntas primero. Las preguntas constituyen un gran medio para obtener mayor información y aclarar las palabras y las acciones de otras personas. Preguntas tales como:

a. No estoy seguro de haber entendido lo que quiso decir. ¿Podría explicarme mejor?

b. Me da la impresión de que está molesto conmigo. ¿Es así?

c. He notado que usted estaba _____. ¿Me podría ayudar a entender por qué lo estaba haciendo?

d. Quizás me equivoque, pero siento que hay un problema entre nosotros. ¿Es así, realmente?

2. *Vuelva al archivo mental.* Si se da cuenta de que se siente molesto hacia alguien, pregúntese: "¿A quién me recuerda esta persona?" Si usted tiene un jefe abrumador, gritón y quisquilloso, y siente hacia él mucha ira, pregúntese si le recuerda a su padre abrumador, gritón y quisquilloso. Quizás esté proyectando sobre su jefe la ira que siente hacia algún otro. O puede preguntarse: "Esta situación en la que me encuentro (y la ira que siento), ¿son similares a alguna

situación en la que he estado antes?" Al revisar sus recuerdos, puede sorprenderle cuánto dolor e ira lleva consigo, listos para depositar sobre otra persona.

3. *Tome conciencia de la ira desplazada.* Personalmente, creo que el 80 o el 90 por ciento de todas las manifestaciones de ira son desplazamientos. Con esto quiero decir, que cuando estamos airados por algo la emprendemos con personas que no tienen nada que ver con ello. Generalmente hay alguna otra cosa que nos está fastidiando, y no la persona o el asunto circunstancial.

La ira desplazada se ejemplifica en el jefe que le grita al empleado, el que a su vez llega a la casa y le grita a su esposa, y ésta le grita al hijo. El niño la emprende contra el perro. El perro persigue al gato, etc. ¿Está usted desplazando su ira? ¿Está transfiriendo su ira al acto de conducir el automóvil? ¿Presiona más el acelerador a causa de sus pensamientos airados? ¿Hace cosquillas despiadamente a sus hijos, y no se detiene cuando se lo piden? ¿Juega con más violencia de lo que debiera con su perro? ¿Limpia la casa con movimientos rápidos, veloces y apresurados? ¿Se le acaba la paciencia? ¿Se encuentra de pronto deseando que la gente se apresurara y fuera al grano de la conversación? Entonces, es probable que tenga una gran cantidad de ira desplazada. Pídale a Dios que le ayude a ocuparse del verdadero motivo de su ira, en lugar de desquitarse con otros.

4. *Evalúe sus sentimientos de ira.* En su libro *Christian Counseling*, Gary Collins nos estimula a preguntarnos:

    a. ¿Qué es lo que me hace sentir airado?
    b. ¿Por qué siento ira en lugar de sentir alguna otra emoción?
    c. ¿Estoy arribando a conclusiones apresuradas

respecto a la persona o situación que me molesta?

d. ¿Se justifica mi ira?

e. ¿Está bien que me sienta inferior o amenazado en esta situación que me provoca ira?

f. ¿Cómo verían otros, incluyendo la persona que me fastidia, esta situación?

g. ¿De qué otra forma podría considerar esta situación?

h. ¿Qué podría hacer para modificar la situación y reducir mi ira?[1]

5. *Recuerde que Dios tiene todo bajo control.* Lo que le ocurre a usted no toma desprevenido a Dios. El no dice: "No sabía que te ibas a enojar." A veces Dios permite circunstancias y asuntos desagradables en nuestras vidas para que maduremos y aprendamos a confiar más en El.

Y no sólo esto, sino que también nos gloriamos en las tribulaciones, sabiendo que la tribulación produce paciencia;

y la paciencia, prueba; y la prueba, esperanza;

y la esperanza no avergüenza; porque el amor de Dios ha sido derramado en nuestros corazones por el Espíritu Santo que nos fue dado.

Romanos 5:3-5

Hermanos míos, tened por sumo gozo cuando os halléis en diversas pruebas, sabiendo que la prueba de vuestra fe produce paciencia.

Mas tenga la paciencia su obra completa, para que seáis perfectos y cabales, sin que os falte cosa alguna.

Santiago 1:2-4

En lo cual vosotros os alegráis, aunque ahora por un poco de tiempo, si es necesario, tengáis que ser afligidos en diversas pruebas,

para que sometida a prueba vuestras fe, mucho más preciosa que el oro, el cual aunque perecedero se prueba con fuego, sea hallado en alabanza, gloria y honra cuando sea manifestado Jesucristo,

a quien amáis sin haberle visto, en quien creyendo, aunque ahora no lo veáis, os alegráis con gozo inefable y glorioso;

obteniendo el fin de vuestra fe, que es la salvación de vuestras almas.

1 Pedro 1:6-9

Bendito sea el Dios y Padre de nuestro Señor Jesucristo, Padre de misericordias y Dios de toda consolación,

el cual nos consuela en todas nuestras tribulaciones, para que podamos también nosotros consolar a los que están en cualquier tribulación, por medio de la consolación con que nosotros somos consolados por Dios.

Porque de la manera que abundan en nosotros las aflicciones de Cristo, así abunda también por el mismo Cristo nuestra consolación.

Pero si somos atribulados, es para vuestra consolación y salvación; o si somos consolados, es para vuestra consolación y salvación, la cual se opera en el sufrir las mismas aflicciones que nosotros también padecemos.

Y nuestra esperanza respecto de vosotros es firme, pues sabemos que así como sois compañeros en las aflicciones, también lo sois en la consolación.

2 Corintios 1:3-7

En su libro *Anger: Defusing the Bomb*, Ray Burwick hace una interesante observación relacionada con la seguridad de la salvación: "En casi todos los casos de personas a las que he orientado y que tenían una grave carencia de seguridad de la salvación, la causa oculta ha sido un espíritu airado y resentido. Cuando estas personas encararon su amargura, recurriendo al perdón, la falta de seguridad dejó de ser un problema."[2]

¿Está usted luchando con su falta de seguridad en cuanto a su salvación? ¿Le resulta difícil aceptar el perdón de Dios porque usted mismo no ha perdonado a alguien?

> El Señor se sentó junto a un fuego que ardía al máximo,
>> Y contempló el precioso mineral
> Se agachó y se acercó más para mirar con atención
>> Mientras lo calentaba más y más.
> Sabía que el mineral resistía la prueba,
>> Y quería obtener el oro más precioso
> Para moldear una corona que usaría el Rey,
>> Engastada con gemas de valor incalculable.
> Así puso nuestro oro en el fuego ardiente,
>> Aunque nosotros de buena gana hubiéramos dicho: "No",
> Y vio la escoria que nosotros no habíamos notado,
>> Y ésta se derritió y desapareció.
> Y el oro se tornó brillante y aun más brillante,
>> Pero nuestros ojos estaban tan turbios por las lágrimas,
> Que no veíamos más que el fuego y no la mano del Señor,
>> Y lo cuestionábamos con ansiedad y temor.
> Mas nuestro oro brilló con mayor esplendor,
>> al reflejar una Forma de lo alto,
> Que se inclinaba sobre el fuego, aunque nosotros no la viéramos,

Con una mirada de inefable amor.
¿Podemos pensar que le cause placer a su amante
corazón
    producirnos un dolor momentáneo?
¡Ah, no! Pero El vio a través de esta cruz
    El esplendor de la riqueza eterna.
De modo que esperó con la vista atenta,
    Con un amor firme y seguro,
Y su oro no sufrió más calor
    Que el necesario para hacerlo más puro.

Anónimo

6. *Dígale a Dios cuán airado se siente.* Quizá le sea de ayuda leer los Salmos para aprender a controlar su ira. El salmista a menudo le decía a Dios lo airado que se sentía. Le decía a Dios que necesitaba de su ayuda. El salmista es para nosotros un ejemplo de la forma de conversar con Dios sobre nuestra ira.

Yo dije: Atenderé a mis caminos,
Para no pecar con mi lengua;
Guardaré mi boca con freno,
En tanto que el impío esté delante de mí.
Enmudecí con silencio, me callé aun respecto de lo
bueno;
Y se agravó mi dolor.
Se enardeció mi corazón dentro de mí;
En mi meditación se encendió fuego,
Y así proferí con mi lengua:
Hazme saber, Jehová, mi fin,
Y cuánta sea la medida de mis días;
Sepa yo cuán frágil soy.

Salmo 39:1-4

Escucha, oh Dios, mi oración,
Y no te escondas de mi súplica.
Está atento, y respóndeme;

Clamo en mi oración, y me conmuevo,
A causa de la voz del enemigo,
Por la opresión del impío,
Porque sobre mí echaron iniquidad,
Y con furor me persiguen.
Mi corazón está dolorido dentro de mí,
Y terrores de muerte sobre mí han caído.
Temor y temblor vinieron sobre mí,
Y terror me ha cubierto.
Y dije: ¡Quién me diese alas como de paloma!
Volaría yo, y descansaría.
Ciertamente huiría lejos;
Moraría en el desierto.
Me apresuraría a escapar
Del viento borrascoso, de la tempestad.
Destrúyelos, oh Señor; confunde la lengua de ellos;
Porque he visto violencia y rencilla en la ciudad.
Día y noche la rodean sobre sus muros.
E iniquidad y trabajo hay en medio de ella.
Maldad hay en medio de ella,
Y el fraude y el engaño no se apartan de sus plazas.
Porque no me afrentó un enemigo,
Lo cual habría soportado;
ni se alzó contra mí el que me aborrecía,
Porque me hubiera ocultado de él;
Sino tú, hombre, al parecer íntimo mío,
Mi guía, y mi familiar;
Que juntos comunicábamos dulcemente los secretos,
Y andábamos en amistad en la casa de Dios.
Que la muerte les sorprenda;
Desciendan vivos al Seol,
Porque hay maldades en sus moradas, en medio de
ellos.
En cuanto a mí, a Dios clamaré;
Y Jehová me salvará.
Tarde y mañana y a mediodía oraré y clamaré.

Y él oirá mi voz.
El redimirá en paz mi alma de la guerra contra mí,
Aunque contra mí haya muchos.
Dios oirá, y los quebrantará luego,
El que permanece desde la antigüedad;
Por cuanto no cambian,
Ni temen a Dios.
Extendió el inicuo sus manos contra los que estaban
en paz con él;
Violó su pacto.
Los dichos de su boca son más blandos que
mantequilla.
Pero guerra hay en su corazón;
Suaviza sus palabras más que el aceite,
Mas ellas son espadas desnudas.
Echa sobre Jehová tu carga, y él te sustentará;
No dejará para siempre caído al justo.
Mas tú, oh Dios, harás descender aquéllos al pozo de
perdición.
Los hombres sanguinarios y engañadores no llegarán
a la mitad de sus días;
Pero yo en ti confiaré.

Salmo 55

7. *Aprenda a encarar el pecado de su ira.*

a. ¡Enfrente a su ira como *pecado*! El paso gigantesco hacia la superación de la ira es encararla directamente como pecado, en la mayoría de los casos. En cuanto tratamos de justificarla, explicarla, o culpar a algún otro, se torna incurable. ¡Nunca he conocido a nadie que triunfe sobre el pecado, a menos que estuviera convencido de que estaba mal! Esto es particularmente cierto respecto a la ira. Consideremos los mandamientos de Dios:

*Quítense de vosotros toda amargura, enojo, ira ... y
Deja la ira, y desecha el enojo.*

202 Usted se enoja porque quiere

b. **Confiese todo pensamiento o acción airada apenas ocurra.** Este es el paso gigante Nº 2, basado en 1 Juan 1:9: "Si confesamos nuestros pecados, él es fiel y justo para perdonar nuestros pecados, y limpiarnos de toda maldad."

Gemí interiormente al leer lo que un cirujano plástico le aconseja a dos hombres que lo consultaron a raíz de problemas emocionales provocados por la ira. Esencialmente, los instaba a reemplazar sus pensamientos de odio concentrando la atención en alguna experiencia feliz o exitosa de su vida. Recuerdo haber preguntado: "¿Y cómo soluciona eso la culpa?" ¡De ninguna manera! Sólo la sangre de Jesucristo, que puede limpiarnos de toda maldad, está disponible para todos aquellos que acuden a El con fe.

c. **Pídale a Dios que le quite esa modalidad de conducta airada.** 1 Juan 5:14, 15 nos asegura que si pedimos algo de acuerdo con la voluntad de Dios, El no sólo nos oirá sino que contestará nuestro pedido. Puesto que sabemos que no es la voluntad de Dios que tengamos ira, podemos estar seguros de la victoria si le pedimos que nos quite ese modo de comportamiento.

Aunque el hombre mundano sea esclavo de los hábitos, el cristiano no debe serlo. Tenemos que admitir que somos victimas de los hábitos, pero no tenemos por qué someternos a un comportamiento conformista si tenemos a nuestra disposición el poder del Espíritu de Dios.

d. **Perdone a la persona que le ha producido ira.** Efesios 4:32 nos instruye diciendo: "Perdonándoos unos a otros, como Dios también os perdonó a vosotros en Cristo." Si uno de sus padres, una persona o alguna "cosa" está ocupando excesivamente sus pensamientos, propóngase de manera especial expresar a Dios formalmente en voz alta una oración de perdón. Cada vez que retornen los pensamientos hostiles, repita el mismo procedimiento. Gradualmente su perdón se tornará una realidad, y usted orientará sus pensamientos hacia cosas positivas.

Tuve oportunidad de ver un encantador ejemplo de esto después de dirigir un seminario para misioneros. Una misionera estaba tan atormentada por la ira, que estuvo a punto de ser rechazada por las autoridades de la misión. Un psicólogo cristiano le advirtió que ella debía perdonar a su padre, pero ella dijo que no podía hacerlo. El le dijo: "¡Usted quiere decir que no quiere hacerlo! Si no lo hace, su odio la destruirá." De modo que allí, en el consultorio, ella oró: "Querido Padre celestial, sí quiero perdonar a mi padre. Por favor, ayúdame a hacerlo." Reconoció haber tenido que hacer esa oración varias veces, pero finalmente llegó la victoria y con ella la paz de Dios. Hoy es una mujer equilibrada y productiva, porque perdonó. No se puede vivir con rencor hacia alguien a quien se perdona.

e. Dé gracias formalmente por cualquier cosa que le "molesta". La voluntad de Dios es que "demos gracias en todo" (1 Tesalonicenses 5:18). La gratitud tiene valor terapéutico y es de utilidad práctica, especialmente para reducir la ira. Si después de cada insulto, rechazo o injuria damos gracias, no podremos estar enojados ni deprimidos. Admito que esto es difícil en ciertas ocasiones, pero es posible. Dios ha prometido que no nos ocurriría ninguna tentación que no podamos soportar (1 Corintios 10:13). En tales ocasiones, la gratitud se tendrá que ofrecer por fe, pero aun entonces Dios proveerá la fe necesaria. Aprenda el arte de orar con agradecimiento.

f. Piense sólo cosas positivas, buenas, sanas. La mente humana no tolera el vacío; siempre tiene que albergar algo. Asegúrese de que su mente se concentre en lo que la Escritura aprueba, en "todo lo que sea honesto, todo lo justo, todo lo puro, todo lo amable, todo lo que es de buen nombre; si hay virtud alguna, si algo digno de alabanza, en esto pensad." (Filipenses 4:8). Las personas que tienen pensamientos positivos de este tipo no viven atormentadas por la ira, la hostilidad o el enojo. Se trata básicamente de someter todo pensamiento a la obediencia a Cristo.

La ira es un hábito, un hábito pecaminoso ocasionado por el temperamento, que circunstancias dolorosas y desagradables van provocando a lo largo de los años, que pueden dominar a la persona con la misma tenacidad que la heroína o la cocaína, haciendo que reaccione, externa o internamente, de manera egoísta y pecaminosas. A menos que permitamos que el poder de Dios que está en nosotros modifique nuestros esquemas mentales, nuestro estado arruinará gradualmente nuestra salud, nuestra mente, nuestras actividades, nuestra familia o nuestra madurez espiritual. Además de ello, entristece al Espíritu Santo (Efesios 4:30), privándonos de la vida abundante que Jesucristo quiere darnos.

g. Repita la fórmula arriba expuesta cada vez que sienta ira. Los cientos de personas que aseguran que esta sencilla fórmula les ha ayudado, nunca han señalado que ocurriera de un día para otro. Si usted tiene serios problemas con la ira, aplique esta receta durante sesenta días. Gradualmente, Dios hará de usted una nueva persona, ¡y a usted le gustará su nuevo "usted".

Resolviendo la ira verbalmente

"Ya no puedo soportar más. Tengo que hablar con Frances," dijo Connie. "¡Estoy tan enojada, que me pondría a escupir! No le he dicho una sola palabra.

Tengo que decirle cómo me siento íntimamente."

Hay casos de enojo que pueden ser resueltos en nuestra propia mente, entre Dios y nosotros. Otros casos de ira necesitan ser resueltos verbalmente. No se aprende en un día a manejar la ira en forma verbal; requiere un proceso de aprendizaje.

Como ya dije, debemos hacernos cargo o ser responsables de nuestros sentimientos y comportamientos airados, sean mentales, verbales o físicos. No podemos culpar a otros por nuestras acciones. Hay una canción escrita por Anna Russell, que expresa cómo algunas personas rehúsan hacerse responsables de sus propias acciones.

Fui a mi psiquiatra
　Para que me psicoanalizara,
Para averiguar por qué había matado a mi gato
　Y golpeado a mi esposa.

Me recostó en un mullido sofá
　Para ver qué podría descubrir,
Y esto es lo que extrajo
　De mi subconsciente:

Cuando yo tenía un año de edad
　Mi mamá escondió mi muñeca en un baúl,
Y, por lo tanto, se deduce naturalmente
　Que yo estoy siempre ebria.

Cuando tenía dos años, vi que mi padre
　Besaba a la mucama un día,
Y es por eso que ahora sufro:
　De cleptomanía.

Cuando tenía tres años, sufría
　Ambivalencia hacia mis hermanos,
De modo que se deduce lógicamente
　Que envenené a todos mis pretendientes.

> Por ello estoy feliz de haber aprendido
> La lección que esto me enseña,
> ¡Que todo lo malo que hago
> Es culpa de algún otro![3]

Cuando se trata de expresar verbalmente los sentimientos de ira, sería bueno recordar algunos de los siguientes pensamientos:

1. *Aprenda a disciplinar su mente*. Piense en lo que va a decir antes de decirlo. No empiece a hablar directamente, porque podría tratarse de algo de lo cual se arrepentirá para siempre. En Proverbios 10:19 se lee: "En las muchas palabras no falta pecado; mas el que refrena sus labios es prudente."
Y *La Biblia al Día*, dice: "No habléis tanto, continuamente te pones en ridículo. Sé inteligente; deja la habladuría."

2. *No demore demasiado en expresar lo que siente*. Si algo le está molestando y no lo comparte con la persona que está implicada, puede descubrir que sus sentimientos de enojo se van enquistando. Un leve sentimiento de irritación puede tornarse en veneno de amargura. "Si se enojan ustedes, no cometan el pecado de dar lugar al resentimiento. ¡Jamás se ponga el sol sobre su enojo! Dejen pronto el enojo, porque cuando uno está enojado le da ocasión al diablo" (Efesios 4:26, 27, *La Biblia al Día*).

3. *Hágase el hábito de no encerrarse en el silencio*. Estoy persuadido de que el 99% de los problemas que enfrentamos no se van por sí solos. Pueden quedar ocultos, pero no se van. El silencio no aclara ningún asunto; no hace sino frustrar la solución. Decir, "No quiero hablar sobre eso, podría herir sus sentimientos," o "Creo que no solucionaría nada, probablemente se pondrían furiosos," es, generalmente, una excusa. En realidad quizás tengamos temor de hablar. O si

tuviéramos que hablar con la otra persona, tal vez tendríamos que perdonarla, y todavía no estamos dispuestos a hacerlo.

4. *Sea receptivo a la crítica.* A nadie le gusta la crítica. Es doloroso y humillante tener que recibirla. Pero la verdad es que podríamos estar equivocados. Cuando comience a hablar con alguien acerca de algo que le molesta, puede sorprenderle y tomarle desprevenido el hecho de que la otra persona reaccione criticándolo. Pero escúchelo: puede tener razón. "Insignia honrosa es aceptar la crítica válida" (Proverbios 25:12, *la Biblia al Día*).

"Si rechazas la crítica caerás en pobreza y deshonor; si la aceptas, ya vas a rumbo a la fama" (Proverbios 13:18, *La Biblia al Día*).

Alguien dijo en cierta ocasión: "El problema con la mayoría de nosotros es que preferiríamos ser arruinados por la alabanza, que salvados por la crítica." "No rechaces la crítica; acepta todo el auxilio que puedas" (Proverbios 23:12, *La Biblia al Día*).

5. *Comparta un solo asunto a la vez.* Generalmente dejamos que las cosas se acumulen hasta que estamos a punto de explotar. Normalmente no expresamos cómo nos sentimos en el mismo momento en que suceden las cosas. Cuando llega el momento de hablar con la otra parte implicada, nos resulta difícil limitarnos a un solo asunto a la vez. Tenemos la tendencia a ubicar nuestro camión volteador emocional y volcar toda la carga a la vez. Pídale a Dios que le ayude a ajustarse al punto o tema principal. Pídale que le ayude a resolver un conflicto a la vez.

6. *No use el pasado para presionar a los demás.* Es fácil traer a colación asuntos del pasado o errores anteriores para hacer que la otra persona se sienta culpable por algo que le molesta a usted ahora. ¡El pasado es pasado! Ocúpese del asunto del presente.

Los problemas pasados no hacen sino enturbiar el conflicto que tenemos entre manos en el momento. A veces traemos a colación asuntos pasados porque el asunto que estamos encarando no es suficientemente fuerte por sí solo.

7. *Aprenda a expresar verbalmente sus expectativas respecto a otros.* Alguien dijo: "Si uno apunta al vacío, siempre acertará." A mí me gusta decir: "Si no expresa verbalmente sus expectativas, ¿cómo podrán los otros saber cuáles son y cómo podrán satisfacerlas?" ¡Hay que acabar con el juego de las adivinanzas! Cuando se expresan las expectativas, la otra persona puede decirnos si se siente capaz de alcanzarlas o no. Puede resultar práctico escribir las expectativas antes de expresarlas verbalmente.

8. *Defina su dolor o su queja lo más objetivamente posible.* Trate de evitar en lo posible toda emotividad en la conversación. No rotule de ningún modo a su interlocutor mientras trata de expresar su disconformidad. Una vez más, puede resultar una ayuda elaborar su queja por escrito. Hasta puede ser bueno leer lo que se ha escrito, en lugar de parafrasearlo.

9. *Exponga su queja en privado, no en público.* A nadie le gusta hablar de asuntos privados cuando hay otros alrededor. En efecto, Mateo 18:15 dice: "Por tanto, si tu hermano peca contra ti, vé y repréndele estando tú y él solos; si te oyere, has ganado a tu hermano." El versículo siguiente nos indica qué hacer en caso de que la persona no reacciona ante una conversación privada: "Mas si no te oyere, toma aún contigo a uno o dos, para que en boca de dos o tres testigos conste toda palabra" (18:16).

10. *Haga saber a la otra parte que usted no está disconforme con la totalidad de su relación con ella.* Dígale a la otra persona que a usted le hacen feliz otros aspectos de la relación. Centre la conversación

en el asunto que está dificultando la relación; no destruya la totalidad de la relación por un solo problema.

"Hay muchos momentos en la amistad, como en el amor, en que el silencio va más allá de las palabras. Podemos ver claramente las faltas de nuestro amigo, pero bien podemos pasarlas por alto. La amistad es considerada por la mayor parte de la humanidad como algo recio y perdurable, que puede sobrevivir a cualquier tipo de maltrato. Pero este es un inmenso y absurdo error; puede morir en una hora por causa de una sola palabra necia; para que exista es condición manejarla con delicadeza y ternura, ya que es como una planta delicada y no como un cardo a la vera del camino. No pretendamos que nuestro amigo esté por encima del resto de la humanidad."

Louise de La Ramée (Ouida)

"Es más difícil recobrar la amistad del hermano ofendido, que tomar una ciudad fortificada. Su ira te rechaza como barrotes de hierro" (Proverbios 18:19, *La Biblia al Día*).

11. Evite una situación que obligue a ganar o perder. ¿Está tratando de vencer al individuo con el cual tiene dificultades? Recuerde que es posible "Ganar una batalla, pero perder la guerra." ¿Busca realmente la victoria, o la solución del conflicto? A veces necesitamos aprender a vivir haciendo concesiones. A veces no hay una solución en la que podamos salir vencedores. ¿Cuál es su motivación?

12. *No amenace con terminar o abandonar la relación.* La amenaza es generalmente una técnica intimidatoria para obligar a la otra persona a adecuar su conducta a nuestra forma de pensar. Deje de hacer amenazas inútiles; no contribuyen a solucionar nada. Propóngase no abandonar la relación. Es como aquel hombre a quien se le preguntó si alguna vez había

pensado en el divorcio. Respondió diciendo: "¡Divorcio, no! ¡Asesinato, sí!" Toda relación necesita de la actitud de compromiso entre las partes.

13. *No haga bromas permanentemente.* El libro de Eclesiastés dice que hay un "tiempo de reir". Pero también hay un tiempo en que no hay que reir. Hacer bromas en un momento que requiere seriedad, pone distancia entre amigos; no los acerca. Charles H. Spurgeon dijo: "Las bromas de la ingeniosidad, como los juegos de los cachorros, a menudo terminan en gruñidos."

14. *No acuse ni ataque a la otra persona.* Aprenda a usar más el pronombre "yo" que el pronombre "tú". Las frases en primera persona son afirmativas y reconfortantes; las frases en segunda persona son agresivas y hostiles. Si realmente quiere armar una discusión o una pelea, use el pronombre "tú": "¡Tú me irritas! ¡Tú siempre estás haciendo eso! ¡Tú nunca haces nada bien! ¡Tú hiciste eso a propósito, ¿verdad?" Esas frases con "tú" me ponen a la defensiva. Me mueven a pelear. Estas frases generalmente no suavizan los problemas sino que en cambio los avivan. Todos necesitamos aprender a usar el pronombre de primera persona y a responsabilizarnos de nuestros propios sentimientos. Robert E. Alberti y Michael L. Emmons sugieren en su libro *Your Perfect Right* que usemos frases en primera persona como:

"Estoy muy enojado"

"Me estoy poniendo furioso"

"Disiento totalmente contigo"

"Estoy muy molesto con toda la situación"

"Me molesta"

"Estoy muy disgustado"

"Deja de molestarme"

"Creo que eso es injusto"

"Eso no me gusta nada"

"No me hagas eso, por favor"[4]

15. *No exagere el problema.* A veces exageramos los asuntos para probar que nosotros tenemos la razón. No es que mintamos. ¡Simplemente recordamos las cosas como si fueran grandes! Ocupémonos de los hechos, y no de lo que creemos que son las motivaciones de la otra persona. Tratemos de ver el problema desde la perspectiva de la otra persona. Permitamos que la otra persona también tenga sentimientos, así como los tenemos nosotros. ¡Ella también puede sentirse herida! No interrumpamos a la otra persona cuando trata de explicar su lado del asunto. Escuchemos, y no tratemos de preparar nuestros argumentos mientras está hablando; se nos va a escapar lo que nos está queriendo decir.

16. *Busque una solución.* Busque la reconciliación. ¿Hay alguna forma de resolver el asunto? "Enterremos el hacha". . . pero no en la otra persona. Puede ser de utilidad solicitar la ayuda de un tercero, de alguien que no tome partido por ninguna de las partes, pero que pueda ayudar a ambos a negociar. Pídale a Dios que le ayude a encontrar la solución. En Santiago 1:5-9 leemos:

Y si alguno de vosotros tiene falta de sabiduría, pídala a Dios, el cual da á todos abundantemente y sin reproche, y le será dada.

Pero pida con fe, no dudando nada; porque el que duda es semejante a la onda del mar, que es arrastrada por el viento y echada de una parte a otra.

No piense, pues, quien tal haga, que recibirá cosa alguna del Señor.

El hombre de doble ánimo es inconstante en todos sus caminos.

El hermano que es de humilde condición, gloríese en su exaltación;

17. *Dé tiempo para la reacción*. Si usted es quien inicia una discusión, usted lleva ventaja. Está en ventaja porque ha estado pensando en el asunto durante un tiempo antes de acercarse a la otra persona. Ella está en desventaja porque es muy probable que no haya estado pensando en el asunto. Déle "tiempo para pensar". Necesita tiempo para hablar con Dios y corregir su propia actitud. Póngase en su lugar. ¿Le gustaría a usted que le dieran tiempo para reflexionar? Estoy seguro que sí. Tenga esa misma cortesía con el otro, y se lo agradecerá.

Encarar la ira de manera física

Se me ha preguntado si es lícito expresar alguna vez la ira de manera física. Contesto con un sí moderado. Puede haber unos cuantos casos en que no sólo sea lícito sino necesario expresar la ira de manera física.

Por ejemplo, si alguien está intentando dañar a su hijo, violar a su esposa o matar a su esposo, sería apropiado expresar la ira de manera física. Debemos admitir, sin embargo, que este tipo de circunstancias es muy poco frecuente.

La mayor parte de la ira expresada físicamente es potencialmente peligrosa. Puede herir, mutilar, o matar a otra persona. Cuando alguien usa la fuerza física como reacción de ira, es generalmente porque no dispone de otro medio de comunicación. Ya ha usado todos sus recursos o no disponía de ninguno con anterioridad.

La persona a quien en su niñez se permite expresar la ira en forma física, muy probablemente continúe expresándola de esa manera cuando sea adulta. La principal diferencia es que la violencia física del adulto es mucho más difícil de controlar que la del niño. A veces, la única manera de controlar la violencia física es mediante la represión física; la forma extrema de esto es el encarcelamiento.

Si usted está actualmente luchando con expresiones físicas de ira, le insto encarecidamente a (1) que se admita a sí mismo la existencia del problema, (2) que se lo admita a Dios y (3) que busque la ayuda de un consejero profesional.

Muchas personas tienen temor, por una u otra razón, de buscar ayuda profesional. Consideran que hacerlo las estigmatiza, algo así como si significara que están "locos". O quizás piensen: "Puedo resolver esto por mi cuenta." Pero yo pregunto: "¿Lo está logrando realmente?" Si usted necesita un plomero, no duda en llamarlo. Si necesita un abogado, contrata uno. Si estuviera físicamente enfermo, iría al médico. Pero cuando se trata de orientación matrimonial, familiar o de problemas personales y emocionales, la mayoría de las personas duda. Pero por favor, no dude si usted tiene tendencia a las manifestaciones físicas de violencia. Tenga el valor necesario para buscar ayuda ante tan importante problema.

---

[1] Gary R. Collins, *Christian Counseling: A Comprehensive Guide* (Waco: Word Books, 1980), p. 109.
[2] Ray Burwick, *Anger: Defusing the Bomb* (Wheaton, Ill.: Tyndale House, 1981), p. 87.
[3] James D. Mallory, *The Kink and I* (Wheaton, Ill.: Victor Books, 1965), p. 210.
[4] Robert E. Alberti and Michael L. Emmons, *Your Perfect Right* (San Luis Obispo, Calif.: Impact Publishers, 1970), p. 84.

Apéndice
La ira en la Biblia

La ira: Sentimiento de disgusto, hostilidad, indignación o exasperación hacia alguien o algo; furor; cólera; rabia.

En el Nuevo Testamento se utilizan tres palabras griegas para describir la ira:

Orgé: Un estado mental arraigado y permanente. Surge lentamente. Contiene la idea de tomar venganza. Tiende a ser duradero. Es una emoción activa. Efesios 4:16a; Marcos 3:5; Hebreos 3:11. Se lo condena en Colosenses 3:8.

Thumos (Cólera): Una reacción violenta. Una explosión de indignación contenida. Surge rápidamente. No es tan duradera como la orgé. A veces implica la idea de venganza, pero no siempre. Se enciende rápidamente y desaparece rápidamente. Efesios 4:31.

Parogismos: Una forma más fuerte de orgé. Efesios 4:26b, 6:4. Contiene la idea de una justa indignación. Transmite la idea "de estremecerse con una gran emoción." Irritación y exasperación.

CONSEJOS CONCERNIENTES A LA IRA

Levítico 19:17, 18 No aborrecerás a tu hermano en tu corazón; razonarás con tu prójimo para que no participes de su pecado. No te vengarás, ni guardarás rencor a los hijos de tu pueblo, sino amarás a tu prójimo como a ti mismo. Yo Jehová.

Nehemías 9:17c   Pero tú eres Dios que perdona, clemente y piadoso, tardo para la ira, y grande en misericordia, porque no los abandonaste.

Salmo 7:11   Dios es juez justo, y Dios está airado contra el impío todos los días.

Salmo 37:8   Deja la ira, y desecha el enojo; no te excites en manera alguna a hacer lo malo.

Proverbios 11:4   No aprovecharán las riquezas en el día de la ira; mas la justicia librará de muerte.

Proverbios 14:17, 29   El que fácilmente se enoja hará locuras; y el hombre perverso será aborrecido ... El que tarda en airarse es grande de entendimiento; mas el que es impaciente de espíritu enaltece la necedad.

Proverbios 15:1, 18   La blanda respuesta quita la ira; Mas la palabra áspera hace subir el furor.
El hombre iracundo promueve contiendas; Mas el que tarda en airarse apacigua la rencilla.

Proverbios 16:14, 32   La ira del rey es mensajero de muerte; Mas el hombre sabio la evitará;
Mejor es el que tarda en airarse que el fuerte; Y el que se enseñorea de su espíritu, que el que toma una ciudad.

Proverbios 17:14   El que comienza la discordia es como quien suelta las aguas;

Deja, pues la contienda, antes que se enrede.

Proverbios 19:11, 19 La cordura del hombre detiene su furor, Y su honra es pasar por alto la ofensa.

El de grande ira llevará la pena; y si usa de violencias, añadirá nuevos males.

Proverbios 22:24 No te entremetas con el iracundo, Ni te acompañes con el hombre de enojos.

Proverbios 29:22 El hombre iracundo levanta contiendas, Y el furioso muchas veces peca.

Jeremías 10:24 Castígame, oh Jehová, mas con juicio; no con tu furor, para que no me aniquiles.

Nahum 1:3a Jehová es tardo para la ira y grande en poder, y no tendrá por inocente al culpable.

Mateo 18:15-20 Por tanto, si tu hermano peca contra ti, vé y repréndele estando tú y él solos; si te oyere, has ganado a tu hermano.

Mas si no te oyere, toma aún contigo a uno o dos, para que en boca de dos o tres testigos conste toda palabra.

Si no los oyere a ellos, dilo a la iglesia; y si no oyere a la iglesia, tenle por gentil y publicano.

De cierto os digo que todo lo que atéis en la tierra, será atado en el cielo; y todo lo que desatéis en la tierra, será desatado en el cielo.

Otra vez os digo, que si dos de vosotros se pusieren de acuerdo en la tierra acerca de cualquiera cosa que pidieren, les será hecho por mi Padre que está en los cielos.

Mateo 5:22 Pero yo os digo que cualquiera que se enoje contra su hermano, será culpable de juicio; y cualquiera que diga: Necio, a su hermano, será culpable ante el concilio; y cualquiera que le diga: Fatuo, quedará expuesto al infierno de fuego.

Marcos 3:5 Entonces, mirándolos alrededor con enojo, entristecido por la dureza de sus corazones, dijo al hombre: Extiende tu mano. Y él la extendió, y la mano le fue restaurada sana.

Marcos 11:15 Vinieron, pues, a Jerusalén; y entrando Jesús en el templo, comenzó a echar fuera a los que vendían y compraban en el templo; y volcó las mesas de los cambistas, y las sillas de los que vendían palomas.

Hechos 17:16 Mientras Pablo los esperaba en Atenas, su espíritu se enardecía viendo la ciudad entregada a la idolatría.

Romanos 1:18 Porque la ira de Dios se revela desde el cielo contra toda impiedad e injusticia de los hombres que detienen con injusticia la verdad.

Gálatas 5:20	Idolatría, hechicerías, enemistades, pleitos, celos, iras, contiendas, disensiones, herejías, ...
Efesios 2:3	Entre los cuales también todos nosotros vivimos en otro tiempo en los deseos de nuestra carne, haciendo la voluntad de la carne y de los pensamientos, y éramos por naturaleza hijos de ira, lo mismo que los demás.
Efesios 4:26, 31	Airaos, pero no pequéis; no se ponga el sol sobre vuestro enojo. Quítense de vosotros toda amargura, enojo, ira, gritería y maledicencia, y toda malicia.
Efesios 5:6	Nadie os engañe con palabras vanas, porque por estas cosas viene la ira de Dios sobre los hijos de desobediencia.
Efesios 6:4	Y vosotros, padres, no provoquéis a ira a vuestros hijos, sino criadlos en disciplina y amonestación del Señor.
Colosenses 3:8	Pero ahora dejad también vosotros todas estas cosas: ira, enojo, malicia, blasfemia, palabras deshonestas de vuestra boca.
1 Timoteo 2:8	Quiero, pues, que los hombres oren en todo lugar, levantando manos santas, sin ira ni contiendas.
Santiago 1:19, 20	Por esto, mis amados hermanos, todo hombre sea pronto para oir, tardo para hablar, tardo para airarse; porque la ira del hombre no obra la justicia de Dios.

UNA CONCORDANCIA SOBRE LA IRA

La ira se prohibe
Eclesiastés 7:9

Mateo 5:22

Romanos 12:19

La ira y las obras de la carne
Gálatas 5:20

La ira, una característica de los necios
Proverbios 12:16; 14:29; 27:3

Eclesiastés 7:9

La ira y el orgullo
Proverbios 21:24

La ira y la crueldad
Génesis 49:7

Proverbios 27:3, 4

La ira y la rivalidad
Proverbios 21:19; 29:22; 30:33

La ira acarrea su propio castigo
Job 5:2

Proverbios 19:19; 25:28

La ira proviene de palabras crueles
Jueces 12:4

2 Samuel 19:43

Proverbios 15:1

La ira conduce al pecado
Salmo 37:8

Efesios 4:26

La ira no debería obstaculizar la oración
1 Timoteo 2:8

La ira puede ser contrarrestada por la sabiduría
Proverbios 29:8

La ira es aplacada por la mansedumbre
Proverbios 15:1

La ira no debiera ser precipitada
Proverbios 15:18; 16:32; 19:11
Tito 1:7
Santiago 1:19

La ira debiera evitarse
Génesis 49:6
Proverbios 22:24

La ira es a veces justificable
En Cristo: Marcos 3:5
Jacob: Génesis 31:36
Moisés: Exodo 11:8; 32:19
        Levítico 10:16
        Números 16:15
Nehemías: Nehemías 5:6; 13:17, 25

La ira es pecaminosa en la mayoría de los casos
Caín: Génesis 4:3-8
Esaú: Génesis 27:41-45
Los hermanos de José: Génesis 37:4-20
Simeón y Leví: Génesis 49:5-7
Moisés: Números 20:10, 11
Balaam: Números 22:27
Saúl: 1 Samuel 18:8—31:4
Acab: 1 Reyes 21:4; 22:8-27
Naamán: 2 Reyes 5:9-15
Asa: 2 Crónicas 16:7-13
Uzías: 2 Crónicas 26:19
Amán: Ester 3:5—7:10
Nabucodonosor: Daniel 3:13; 19-26
Jonás: Jonás 4:4
Herodes: Mateo 2:16
Herodías: Marcos 6:18-26
Judíos: Lucas 4:28

Enemigos de Cristo: Lucas 6:11
Sumo Sacerdote: Hechos 5:17, 54

Arrogancia: Excesivamente consciente de la propia importancia; insufriblemente; orgulloso, altanero; insolente; engreído; duro.

1 Samuel 2:3
Proverbios 8:13
Isaías 13:11
Jeremías 48:29

Encono: Fuerte animosidad, caracterizada por resentimiento amargo o rencor

Amargo: Estar afligido, agraviado u oprimido.

Amargar: Torturar al estilo de las gotas de agua del agua de tortura china; punzar con un objeto puntiagudo y filoso.

Deuteronomio 32:32
Proverbios 14:10
Isaías 38:15
Jeremías 4:18
Hechos 8:23
Romanos 3:14
Efesios 4:31
Hebreos 12:15
Santiago 3:14

Clamor: Exclamar, como en el graznido del cuervo. Alude al tumulto de una controversia, a una vehemente expresión de descontento o protesta.

Hechos 23:9
Efesios 4:31

Disputa: Contienda, pelea, rivalidad, reyerta, provocación de la sensibilidad, incitación, lucha, combate, disensión, discordia, pretensión de ganar.

Proverbios 13:10; 17:14; 18:6, 18-19; 19:3; 21:19; 22:10; 23:29; 26:21; 27:15

Romanos 2:8
1 Corintios 1:11, 16
Tito 3:9

Embaucar: Engañar, seducir, dar una impresión falsa.

Superchería: Palabras y acciones inescrupulosas destinadas a engañar, a tender una celada.

Engañar: Inducir al error, seducir.

Debe evitarse el engaño: Job 31:5
Evita a aquellos que son proclives al engaño: Salmo 101:7
Orar para liberarse del engaño: Salmo 43:1; 72:14; 120:2
Cuidado con aquellos que enseñan el engaño: Efesios 5:6; Colosenses 2:8
Los ministros deben dejar a un lado el engaño: 2 Corintios 4:2; 1 Tesalonicenses 2:3
El engaño obstaculiza el conocer a Dios: Jeremías 8:5; 9:6
El engaño produce orgullo: Jeremías 5:27, 28
El engaño conduce a la mentira: Proverbios 14:25
El engaño encubre el odio: Proverbios 26:24-26; 27:2
La bendición de estar libre del engaño: Salmo 24:4-5; 32:2

Envidia: Fuerte sentimiento de disgusto producido por presenciar o escuchar de la superación o la prosperidad de otros; querer o desear intensamente lo que otros tienen.

Salmo 37:1, 7
Proverbios 3:31; 14:30; 23:17; 24:1; 27:4
Cantar de los Cantares 8:6
Romanos 13:13
1 Corintios 3:3; 13:4
2 Corintios 12:20
Gálatas 5:19, 20, 26

1 Timoteo 6:4, 5
Santiago 3:14, 16
1 Pedro 2:1

Odio: Sentimientos maliciosos e injustificables hacia otros, animosidad, desagrado intenso, aborrecimiento.

Levítico 19:17
Proverbios 10:12, 18; 15:17; 26:24-26
Mateo 5:43, 44; 6:15
Gálatas 5:19, 20
Efesios 4:31
Colosenses 3:8
1 Juan 2:9, 11; 3:10, 13-15; 4:20

Malicia: Naturaleza malvada, carácter depravado, deseo de herir a otros o de ver sufrir a otros, mala disposición, rencor.

Salmo 140:1-4;
Proverbios 6:14, 15, 18, 19; 10:6, 12; 11:17; 12:10; 14:7, 22; 15:17; 16:30; 17:5; 24:6, 17, 18, 29; 28:10
Isaías 32:6
Romanos 1:28-32
1 Corintios 14:20
Gálatas 5:19-21
Efesios 4:31
Colosenses 3:8
1 Tesalonicenses 5:15
Tito 3:3
Santiago 1:21
1 Pedro 2:1; 3:9

Ejemplos de malicia:

Caín hacia Abel: Génesis 4:8
Ismael hacia Sara: Génesis 21:9
Sara hacia Agar: Génesis 21:10
Los filisteos hacia Isaac: Génesis 26
Esaú hacia Jacob: Génesis 27:41

Los hermanos de José hacia José: Génesis 37; 42:21

La esposa de Potifar hacia José: Génesis 39:14-20

Los amonitas hacia los israelitas: Deuteronomio 23:3, 4

Saúl hacia David: 1 Samuel 18:8-29; 19; 20:30-33; 22:6-18; 23:7-23

Mical hacia David: 2 Samuel 6:20-23

Ahitofel hacia David: 2 Samuel 17:1-3

Jezabel hacia Elías: 1 Reyes 19:1-2

Ocozías hacia Elías: 2 Reyes 1

Joram hacia Eliseo: 2 Reyes 6:31

Los samaritanos hacia los judíos: Esdras 4; Nehemías 2:10; 4; 6

Amán hacia Mardoqueo: Ester 3:5-15; 5:9-14

Nabucodonosor hacia Sedequías: Jeremías 52:10

Los enemigos de Daniel: Daniel 6:4-9

Herodías hacia Juan: Mateo 14:3-10; Marcos 6:24-28

Los judíos hacia Jesús: Mateo 27:18; Marcos 12:12; 15:10; Lucas 11:53, 54

Santiago y Juan hacia los samaritanos: Lucas 9:54

Los judíos hacia Pablo: Hechos 17:5; 23:12; 25:3

Contienda: Disensión enardecida, a menudo violenta, conflicto agudo, una lucha entre rivales.

Proverbios 6:12-14, 16-19; 10:12; 15:18; 16:28; 17:1, 14, 19; 18:6; 19:13; 20:3; 21:19; 25:8; 26:17, 20, 21; 27:15; 28:25; 29:22.

Romanos 12:18; 13:13

1 Corintios 1:10-13; 3:1, 3, 4; 11:16-19

2 Corintios 12:20

Gálatas 5:10, 15, 19-21

Filipenses 2:3, 14, 15

1 Timoteo 1:5-7; 2:8; 3:2, 3; 6:3-5, 20, 21

2 Timoteo 2:14, 23-25

Tito 3:1-3, 9

Santiago 3:14-16; 4:1, 2

Paciencia y perdón en la Biblia

Paciencia: Capacidad de resistir con calma, comprensión tolerante, clemencia, tolerancia de alguien o de algo durante un lapso, generalmente sin queja, aunque no necesariamente sin sufrimiento.

Salmo 37:7-9
Proverbios 15:18
Eclesiastés 7:8, 9
Lamentaciones 3:26, 27
Lucas 8:15; 21:19
Romanos 2:7; 8:25; 12:12; 15:4, 5
1 Corintios 13:4, 5
2 Corintios 6:4-6; 12:12
Gálatas 6:9
Efesios 4:1, 2
Colosenses 1:10, 11; 3:12, 13
1 Tesalonicenses 1:3; 5:14
2 Tesalonicenses 3:5
1 Timoteo 3:2; 6:11
2 Timoteo 2:24, 25
Tito 2:1, 2, 9
Hebreos 6:12, 15; 10:36; 12:1
Santiago 1:3, 4, 19; 5:7, 8
1 Pedro 2:19-23
2 Pedro 1:5, 6
Apocalipsis 1:9; 13:10; 14:12

Ejemplos de paciencia
Isaac: Génesis 26:15-22
Moisés: Exodo 16:7, 8
Job: Job 1:21; Santiago 5:11
David: Salmo 40:1
Simeón: Lucas 2:25
Pablo: 2 Timoteo 3:10
Los profetas: Santiago 5:10
Los tesalonicenses: 2 Tesalonicenses 1:4

Las iglesias de Efeso y Tiatira: Apocalipsis 2:2, 3; 2:19

Juan: Apocalipsis 1:9

Perdonar: Excusar por una falta u ofensa, perdonar, renunciar a la ira o al resentimiento, absolver del pago o pasar por alto un error o falta sin exigir castigo o compensación.

Exodo 23:4, 5

Proverbios 19:11; 24:17, 29; 25:21, 22

Eclesiastés 7:21

Mateo 5:7, 39-41, 43-46; 6:12, 14, 15; 18:21-35

Marcos 11:25

Lucas 6:35-37; 17:3, 4

Romanos 12:14, 17, 19, 21

1 Corintios 4:12, 13

Efesios 4:32

Colosenses 3:13

Filemón 10, 18

1 Pedro 3:9

Ejemplos de perdón

Esaú: Génesis 33:4, 11

José: Génesis 45:5-15; 50:19-21

Moisés: Números 12:1-13

David: 1 Samuel 24:10-12; 26:9, 23

2 Samuel 1:14-17

Salomón: 1 Reyes 1:53

El profeta de Judá: 1 Reyes 13:3-6

Jesús: Lucas 23:34

Es posible experimentar gozo, paz y felicidad y tener una

VIDA DINAMICA

La vida dinámica sólo se obtiene a través de una relación personal con Dios ... hecha posible por medio de Jesucristo.

"Jesús le dijo: Yo soy el camino, la verdad, y la vida; nadie viene al Padre, sino por mí" Juan 14:6.

"El ladrón no viene sino para hurtar y matar y destruir; yo he venido para que tengan vida, y para que la tengan en abundancia" Juan 10:10.

Para entender este concepto, echemos una mirada al comienzo del hombre, en el Huerto del Edén.

Dios creó al hombre a su propia imagen. Génesis 1:27

La imagen de Dios se refiere a la mente, voluntad y emociones del hombre.

ESPIRITU
La conciencia o el conocimiento de Dios; Proverbios 20:27; Job 32:8; Salmo 18:28

ALMA
El corazón del hombre ... La mente, voluntad y emociones del hombre. Génesis 2:7; Salmo 13:2; 1 Tesalonicenses 5:23; Hebreos 4:12

CUERPO
Cuerpo físico ... los cinco sentidos. Génesis 1:26.

En el comienzo, el hombre y Dios tenían un compañerismo perfecto (relación).

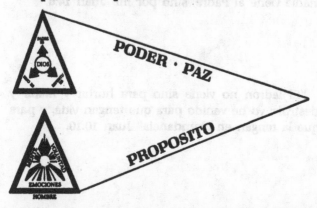

La luz del conocimiento de Dios estaba encendida. Génesis 2:7-25.

El hombre desobedeció y se destruyó su relación con Dios. Génesis 2:17; 3:1-24.

PODER · PAZ · PROPOSITO

PODER · VOLUNTAD · DIOS

CORTADA POR EL PECADO VOLUNTARIOSO DEL HOMBRE

CUERPO · VOLUNTAD · EMOCIONES

HOMBRE

El espíritu del hombre murió a Dios ... la luz se apagó. Efesios 4:18.

Dios no nos obliga a amarle ... la elección es nuestra.

El hombre eligió desobedecer a Dios. Esta desobediencia fue pecado. "Por tanto, como el pecado entró en el mundo por un hombre, y por el pecado la muerte, así la muerte pasó a todos los hombres, por cuanto todos pecaron" Romanos 5:12.

"Por cuanto todos pecaron, y están destituidos de la gloria de Dios" Romanos 3:23.

LA PAGA DEL PECADO ES

La muerte es la eterna separación de Dios.
Romanos 6:23.

¿CUAL ES EL REMEDIO?

Jesús es el único camino para volver a Dios. Juan 14:6

PODER · PAZ · PROPOSITO

Jesús restaura la
relación. Romanos 5:8;
1 Pedro 3:18; 1 Timoteo
2:5; Hebreos 9:15.

¿Cómo nos apropiamos el remedio de Dios?

**RECIBA A JESUS
EN SU CORAZON
POR FE.**

Don Gratuito
Romanos 6:23
Efesios 2:8, 9

Pero a todos los que lo recibieron, a los que creen en su nombre, les concedió el poder de convertirse en hijos de Dios. Juan 1:12, La Biblia al Día.

¿Qué ocurre cuando uno recibe a Cristo en su vida?

ESPIRITU SANTO
DE DIOS

MENTE VOLUNTAD EMOCIONES

HOMBRE

**DIOS POR MEDIO DE SU
SANTO ESPIRITU ENTRA
EN NUESTRA VIDA**

Dios vuelve a encender la luz de la conciencia y el conocimiento de Dios en el espíritu del hombre. Ver Tito 3:5, 6.

¿Le gustaría a usted experimentar una vida dinámica? ¿Le gustaría recibir a Jesús por Salvador?

Puede hacerlo mediante una sencilla oración de fe. Recuerde que tornarse uno cristiano, no es meramente repetir unas palabras... es recibir a una Persona —Jesús.

QUERIDO JESÚS :

QUIERO RECIBIRTE EN MI VIDA. GRACIAS POR MORIR EN MI LUGAR. GRACIAS POR PERDONAR MIS PECADOS. GRACIAS POR EL DON DE LA VIDA ETERNA. AYÚDAME, POR TU SANTO ESPÍRITU, A VIVIR PARA TI.

AMEN.

"De modo que si alguno está en Cristo, nueva criatura es; las cosas viejas pasaron; he aquí todas son hechas nuevas" 2 Corintios 5:17.

Para ayudarle en esta vida dinámica ... Cristo debe ser quien controle su vida.

Cristo quiere volver a invadir su mente, su voluntad y sus emociones y establecer Su propio control.

RECONOCIMIENTO

Los autores desean agradecerles a las casas editoras los permisos concedidos para citar las siguientes obras:

Adams, Jay E. *The Christian Counselor's Manual*

Adams, Jay E. *How to Overcome Evil.*

Augsburger, David W. *Caring Enough Not to Forgive*

Augsburger, David W. *The Freedom of Forgiveness*

Beier, Ernst G., and Valens, Evans G. *People-Reading*

Burns, David D. Feeling Good: *The New Mood Therapy*

Friedman, Meyer, and Rosenman, Ray H. *Type A Behavior and Your Heart*

Grace, W. J., and Graham, D. T. *Relationship of Specific Attitudes and Emotions to Certain Bodily Diseases*

Hart, Archibald D. *Feeling Free*

The Living Bible.

Madow, Leo. Anger: *How to Recognize and Cope With It*

Morris, Desmond, et al. *Gestures: Their Origins and Distribution*

New American Standard Bible

Nierenberg, Gerard I., y Calero Henry H. *How to Read a Person Like a Book*

Rubin, Theodore I. *The Angry Book*

Skoglund, Elizabeth R. *To Anger, With Love*

Thorpe, Louis P., et al. *The Psychology of Abnormal Behavior*

Nos agradaría recibir noticias suyas.
Por favor, envíe sus comentarios sobre este libro
a la dirección que aparece a continuación.
Muchas gracias.

Editorial Vida
7500 NW 25 Street, Suite 239
Miami, Florida 33122

Vidapub.sales@zondervan.com
http://www.editorialvida.com

Printed in the USA
CPSIA information can be obtained
at www.ICGtesting.com
JSHW032358190324
59504JS00011B/98